Александр Ермаченко

Менеджмент -новое прочтение

Александр Ермаченко

Менеджмент -новое прочтение

(теория и практика)

Drugoe Reshenie

Cover image: www.ingimage.com

Publisher:
Drugoe Reshenie
is a trademark of
Dodo Books Indian Ocean Ltd., member of the OmniScriptum S.R.L Publishing group
str. A.Russo 15, of. 61, Chisinau-2068, Republic of Moldova Europe
Printed at: see last page
ISBN: 978-3-639-49279-8

Содержание

Введение

Способы реализации экономической политики, направленной на учет и обеспечение интереса участников отдельных групп держателей интереса /акционеров, инвесторов, менеджеров фирмы, потребителей продуктов, прежде всего/ путем повышения эффективности производителя и управления ПС, приводятся в большом количестве работ. Относятся эти работы к направлению, известному как бизнес--инжиниринг, реорганизация бизнес-процессов, в них используются функционально-структурные подходы и моделирование, направленные на повышение эффективности бизнес-процессов фирмы, т.е. деловых процессов, процессов выполнения исполнительных функций.

Здесь не рассматриваются вопросы обеспечения роста потребительной ценности производственной системы, а только одно, хотя и важное, свойство-эффективность производства, которое входит как составляющая в совокупность потребительных свойств ПС, образующих ПЦ ПС для Участников основных групп. Поэтому часто результаты, достигаемые после реинжиниринга бизнес-процессов на фирме, весьма скромные и это вызывает определенный скепсис относительно результативности реинжиниринга бизнес-процессов Учитывая вышеизложенное,в настоящей книге используется подход, основанный на знании механизма формирования потребительной ценности производственной системы (организация, компания, фирма,…), которое позволяет менеджменту изначально направлять усилия на создание необходимого уровня базовых свойств

(возможностей) производственной системы ,которые образуют требуемый уровень потребительной ценности производственной системы для участников основных групп инетересов.
Именно созданные возможности гарантируют решение задач и достижение целей,миссии производственной системы в целом,а также каждой в отдельности административной (функциональной) службы.

Раздел 1. Механизм формирования потребительной ценности производственной системы и управления ею.

Материал данного раздела строится на использовании функционально-структурного подхода, понятий и подходов всеобщего менеджмента качества производственных систем. Ниже приводятся кратко основные понятия из этой области.

Функция в широком смысле – это деятельность, обязанность, работа, назначение, роль. Часто ее отождествляют с назначением, состоянием анализируемой системы, ее способностью к действию, воздействию, удовлетворению потребности.

Функция означает (часто), что? Должна делать система, объект, а свойство означает, что? Может делать объект, система.

Функциональный подход предполагает проведение исследования, анализа объекта, системы с точки зрения его (ее) функционирования и связи с окружающей средой при абстрагировании от конкретного (материального) внутреннего строения. Функциональный подход концентрирует внимание на общности функций (зачастую разнородных объектов), позволяет, охватывать разнообразие протекающих в системе процессов и рассматривать их в интегральном виде как поведение системы.

Непосредственное выражение функциональный подход находит в виде функционально-стоимостного анализа и проектирования (синтеза) различных объектов. Широкое использование в настоящее время функционального подхода при изучении объектов техники, производственных систем, непроизводственной сферы, его универсальность объясняются прежде всего функциональной природой большинства изучаемых явлений и процессов. И так как любая функция реализуется в некоторой структуре, то досконально исследовать объект, систему через призму только функций невозможно, а поэтому необходимо обязательно совмещать структурный и функциональный подходы, используя функционально-структурные модели объекта, системы, процессов (технологических, управления, исполнения функций и др.).

На базе функционально-структурного подхода в 70-е годы и на рубеже 70-х и 80-х годов сформирован метод системного исследования функций объектов (изделия, структуры, процессы), направленный на приведение в соответствие (оптимизацию) затрат на создание и эксплуатацию объекта и общественно необходимого уровня его качества, который получил название – функционально-стоимостного анализа (ФСА). Предметом и изучением теории ФСА является исследование (изучение) закономерностей формирования функционально-необходимых затрат и использование этих закономерностей для достижения (обеспечения) общественно-необходимого уровня качества объекта (системы, процесса).

С помощью ФСА решаются проблемы достижения оптимального соотношения между потребительной стоимостью (ценностью) объекта и затратами (себестоимостью) при создании (и дальнейшей эксплуатации) объекта, снижения себестоимости и повышения качества объекта. ФСА превратился в инструмент повышения эффективности различных видов работ, включая работы, выполняемые в процессе проектирования изделий, технологическом процессе производства, процессе управления и т.п.

Теоретической базой функционального подхода служат принципы функциональной организации систем, в том числе производственных, которые позволяют вскрыть истины организованности объектов и их жизнеспособности. Под функциональной организованностью понимается комплексная характеристика объекта, отражающая степень его совершенства с точки зрения удовлетворения четырех основных принципов: актуализации функций, их сосредоточения, совместимости и гибкости.

При проведении ФСА объектов (систем, процессов) наряду с функциональным подходом используются: народнохозяйственный подход (с точки зрения общества) к оценке потребительских свойств и затрат на создание (производство) и применение объекта; системный подход, означающий рассмотрение объекта в виде системы, состоящей из взаимосвязанных элементов; принцип соответствия значимости функций (полезности действий, элементов, связей, реализующих эти функции) и затрат на их осуществление.

В методологии ФСА главный акцент делается на установление и упреждение причин несоответствия между качеством и затратами, устранение его последствий, поэтому ФСА носит активный характер по сравнению с другими методами анализа, т.е. он позволяет диагностировать и синтезировать более совершенную функционально-структурную организацию системы, процесса.

Множество свойств объекта, делающих его пригодным для удовлетворения потребностей общества, составляет, как известно, качество этого объекта. Именно качество определяет потребительную стоимость (ценность) объекта.

Качество объекта, как совокупность его свойств, может оцениваться путем сравнения определенной совокупности количественно выраженных свойств объекта с соответствующими значениями принятыми за базу (например, это требование стандарта, государственного или корпоративного). Поэтому оценить, измерить качество объекта, значит соотнести количественные характеристики совокупности свойств объекта с их базовыми значениями. При этом каждое свойство в отдельности может быть оценено одним или группой показателей, а совокупность свойств одного объекта (системы, процесса) следует оценивать комплексным (обобщенным, интегральным) показателем.

Далее рассмотрим причинно-следственные связи между свойствами, потребительной стоимостью, качеством ПС и достигаемыми целями, и миссией ПС в целом.

1.

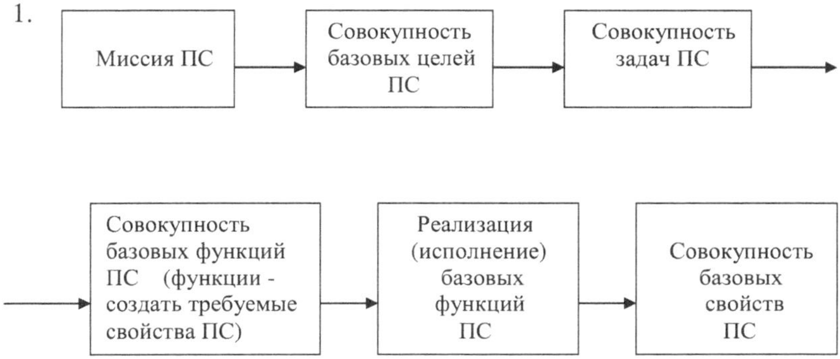
Миссия ПС
Совокупность базовых целей ПС
Совокупность задач ПС
Совокупность базовых функций ПС (функции - создать требуемые свойства ПС)
Реализация (исполнение) базовых функций ПС
Совокупность базовых свойств ПС

2.

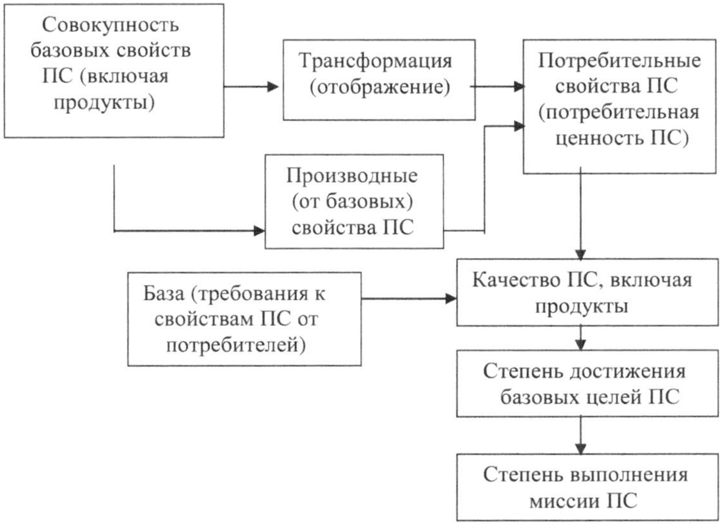
Совокупность базовых свойств ПС (включая продукты)
Трансформация (отображение)
Потребительные свойства ПС (потребительная ценность ПС)
Производные (от базовых) свойства ПС
База (требования к свойствам ПС от потребителей)
Качество ПС, включая продукты
Степень достижения базовых целей ПС
Степень выполнения миссии ПС

Рис. 1-1. Процедуры формирования свойств (качества) ПС и достижения целей ПС (функциональный подход).

На приведенном рисунке 1-1. показана процедура формирования совокупности базовых свойств (качество) ПС и, как следствие, процедура достижения базовых целей и миссии ПС. Первопричиной при этом, являются достигнутые значения совокупности базовых свойств ПС, которые в дальнейшем определяют достигаемые значения свойств ПС, производных от базовых, и потребительных свойств ПС, которые важны для различных групп потребителей и определяют таким образом потребительную ценность ПС, включая потребительную ценность производимых в ПС продуктов.

Достигнутый при этом уровень потребительных свойств ПС определяет в дальнейшем уровень качества ПС, степень достижения базовых целей и степень выполнения миссии ПС.

Таким образом, образуется следующая последовательность действий при определении и достижении свойств и целей ПС: на основании принятой миссии ПС формируется совокупность базовых (приоритетных) целей ПС, откуда определяется совокупность задач ПС, далее формируется совокупность базовых и главных функций ПС (подразумевая под функцией задание - «создать требуемое свойство» ПС), затем осуществляются процессы выполнения (реализации) совокупности базовых и главных функций, причем с некоторым качеством функционирования (исполнения функций), результатом которых (процессов) становится совокупность достигнутых базовых свойств ПС.

Именно свойства ПС, включая свойства производимых продуктов, может ощутить, измерить, оценить потребитель, именно вся совокупность свойств ПС определяет потребительную ценность (стоимость) ПС, ее качество.

В каждой ПС после выбора миссии при установлении совокупности базовых целей должны учитываться как основа имеющиеся стратегические ресурсы и состояние внешней среды (текущее и будущее). Стратегические ресурсы ПС могут включать в себя имеющиеся технологическое оборудование и системы, элементы функционально-структурной организации, накопленные базы знаний, технологий, ноу-хау, информационные ресурсы, управленческие технологии, квалифицированный персонал, включая руководящий состав, производственные площади, развернутая инфраструктура, транспортные средства, имидж ПС, сформировавшийся конкурентный статус (позиция) ПС на рынке(ах) и др.

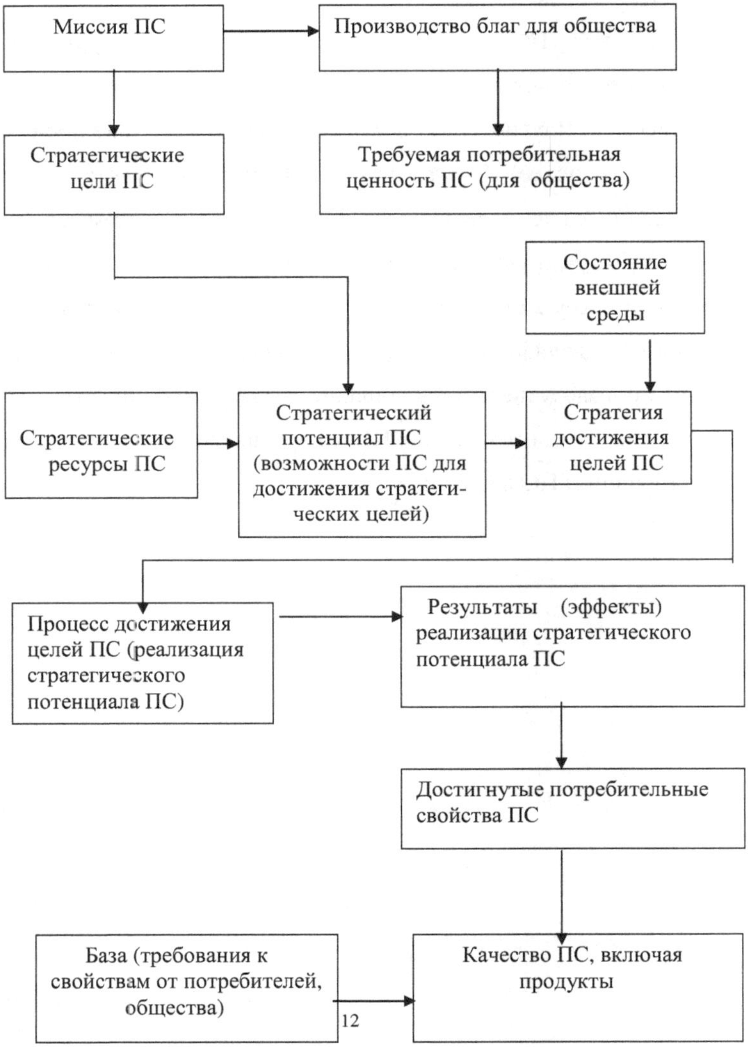
Миссия ПС
Производство благ для общества
Стратегические цели ПС
Требуемая потребительная ценность ПС (для общества)
Состояние внешней среды
Стратегические ресурсы ПС
Стратегический потенциал ПС (возможности ПС для достижения стратеги-ческих целей)
Стратегия достижения целей ПС
Процесс достижения целей ПС (реализация стратегического потенциала ПС)
Результаты (эффекты) реализации стратегического потенциала ПС
Достигнутые потребительные свойства ПС
База (требования к свойствам от потребителей, общества)
Качество ПС, включая продукты

Рис.1-2. Процедура достижения целей и формирования потребительной ценности ПС.

Стратегические ресурсы ПС образуют стратегический потенциал ПС, т.е. определяют потенциальные возможности достижения совокупности стратегических целей ПС.

После идентификации (определения) имеющегося потенциала ПС относительно установленных стратегических целей, исходя из состояния (текущего и будущего) внешней среды, выполняется этап формирования и разработки стратегии достижения совокупности целей ПС, т.е. тех целей, которые можно достичь, используя имеющийся стратегический потенциал.

Стратегию достижения целей ПС представим, как состоящую из следующих основных элементов:

1.подходы, направления, политика;

2.методы, способы, процедуры, реализующие выбранные подходы, направления;

3.функционально-структурная организация ПС, включая технологическое производство, обеспечивающая определенные функциональные возможности и качество функционирования;

4.стратегическое планирование, как распределение стратегических ресурсов в пространстве и времени;

5.стратегичсекое управление, как управление стратегическим потенциалом ПС и процессом реализации стратегического потенциала ПС (функционированием совокупности базовых функций ПС).

Опираясь как на фундамент на стратегию достижения целей ПС, в дальнейшем в ходе предпринимательской деятельности осуществляются процессы достижения целей путем реализации и развития стратегического потенциала ПС. При этом разрабатываются оперативные (текущие) планы, осуществляются контроль, диагностика и исполнительное управление во всех сферах производственной деятельности, происходят многочисленные процессы исполнения совокупности внутренних функций, результатом которых становится реализация заданной совокупности базовых функций ПС с некоторым качеством их выполнения.

Именно качество функционирования (исполнения) заданной совокупности базовых функций, становится главным фактором, определяющим результаты реализации стратегического потенциала ПС в виде достигнутых значений определенной совокупности базовых свойств ПС.

А достигнутые значения совокупности базовых свойств ПС определяют качество ПС, включая производимые ею продукты, иными словами, определяют потребительную ценность и стоимость ПС для разных групп потребителей. Именно эти соображения следует иметь ввиду, когда мы говорим о значении ПС для общества, ее ценности для общества, для потребителей.

Такой подход к определению потребительной ценности ПС может быть использован также и для оценки стоимости бизнеса как действующей компании, фирмы, предприятия, коммерческой организации. Он дает более объективную оценку стоимости ПС, чем подходы, основанные на использование затратных методов или доходных методов.

На основе представленных на рисунках 1-1 и 1-2 процедур формирования свойств ПС и достижения целей ПС можно прийти к заключению, что базовые цели достигаются путем (как направление, подход) обеспечения требуемых значений числовых характеристик (показателей) совокупности базовых свойств ПС, адекватных прогнозируемому состоянию внешней среды, включая состояние конкурентных сил. А это означает, что базовые цели достигаются путем обеспечения качества ПС, включая качество продуктов производства, иными словами, путем достижения потребительной ценности ПС в целом.

Поэтому стратегия достижения целей должна включать в себя процедуры обеспечения требуемых значений для совокупности базовых свойств ПС, включая свойства продуктов производства. А это приводит к необходимости описания и формализации механизма формирования потребительных свойств ПС (потребительной ценности ПС, качества ПС).

Таким образом, стратегию достижения совокупности базовых целей ПС, основанную на обеспечении базовых свойств ПС, можно представить, как состоящую из следующих основных элементов, выполняемых в указанной ниже последовательности (поэтапно).

Первый этап – определение количественных характеристик (показателей) совокупности базовых свойств ПС (как потребительной ценности или качества ПС), адекватных совокупности базовых целей ПС и прогнозируемому состоянию внешней среды.

Второй этап – разработка процедур (включая методы, способы) обеспечения требуемых базовых свойств ПС (для всей совокупности свойств).

Третий этап – разработка функционально- структурной организации ПС, включая технологическое производство и процессы, адекватной результатам второго этапа.

Четвертый этап – на основе результатов первых трех этапов выполнение расчетов, прогнозов изменения состояния внешней среды и осуществление стратегического планирования, включая распределение стратегических ресурсов ПС.

Пятый этап – стратегическое управление как управление стратегическим потенциалом ПС и процессом реализации стратегического потенциала ПС (т.е. процессами функционирования совокупности главных и базовых функций ПС).

В таком виде стратегия достижения целей ПС представляет собой по сути основу механизма формирования потребительной ценности ПС или качества ПС, включая качество производимых продуктов.

Как единая система механизм общего управления компанией, фирмой, коммерческой организацией, направленного на формирование потребительной ценности, качества ПС, на управление стоимостью ПС, представлен на рис. 1-3.

Теперь рассмотрим детально понятие «потребительная ценность производственной системы».

Производственная система (фирма, компания, коммерческая организация (предприятие)) представляет собой весьма сложный многофункциональный объект, обладающий целой гаммой, совокупностью свойств, важных, ценных для разных групп потребителей. Можно выделить пять основных групп потребителей свойств производственной системы:

1. Потребители продуктов, производимых производственной системой;
2. Стратегические инвесторы и акционеры;
3. Покупатели крупных пакетов акций (долей акционерного капитала) при корпоративных трансакциях;
4. Потребители объектов интеллектуальной собственности, ОИС (через лицензии на право пользования), в виде объектов знаний, опыта, ноу-хау, информационных ресурсов и т.п., имеющихся на фирме, в компании на праве собственности;
5. Кредиторы, включая государство (налоги, сборы).

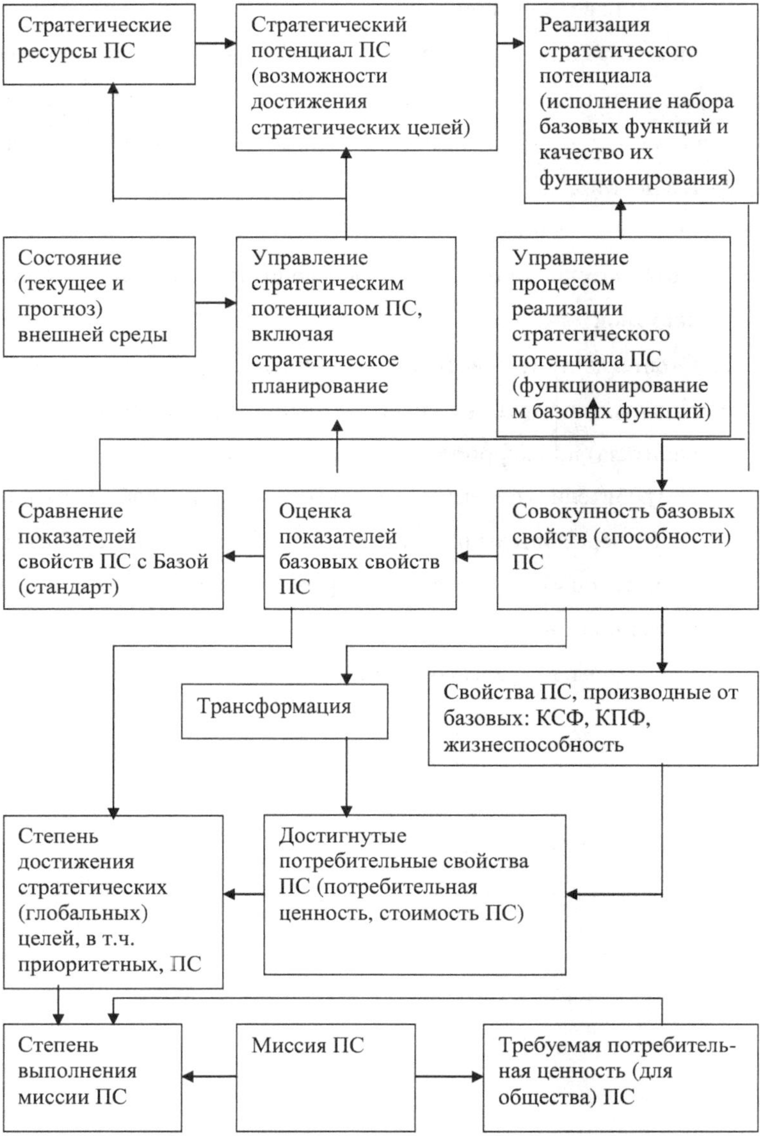
Стратегические ресурсы ПС
Стратегический потенциал ПС (возможности достижения стратегических целей)
Реализация стратегического потенциала (исполнение набора базовых функций и качество их функционирования)
Состояние (текущее и прогноз) внешней среды
Управление стратегическим потенциалом ПС, включая стратегическое планирование
Управление процессом реализации стратегического потенциала ПС (функционирование м базовых функций)
Сравнение показателей свойств ПС с Базой (стандарт)
Оценка показателей базовых свойств ПС
Совокупность базовых свойств (способности) ПС
Трансформация
Свойства ПС, производные от базовых: КСФ, КПФ, жизнеспособность
Степень достижения стратегических (глобальных) целей, в т.ч. приоритетных, ПС
Достигнутые потребительные свойства ПС (потребительная ценность, стоимость ПС)
Степень выполнения миссии ПС
Миссия ПС
Требуемая потребитель-ная ценность (для общества) ПС

Рис.1-3. Механизм общего управления ПС.

Для потребителей продуктов потребительными свойствами ПС, важными для них, являются следующие:

1.1 Конкурентоспособность продукта(ов);

1.2 Дифференцируемость (ДФРП) продуктов или широта ассортимента;

1.3 Сервис (обслуживаемость продукта);

1.4 Гарантируемость (гарантии) качества продукта(ов).

Для стратегических инвесторов и акционеров, потребительными свойствами ПС, важными для них, будут следующие:

2.1 Эффективность (прибыльность) инвестиций;

2.2 Доходность акций (дивиденды);

2.3 Рискованность инвестиций;

2.4 Стабильность выплат дивидендов в заданном объеме в течение заданного периода;

2.5 Капитализируемость дивидендов;

2.6 Устойчивость темпов роста курса акций (рыночной стоимости компании и акций).

Для покупателей крупных пакетов акций (долей акционерного капитала) при корпоративных трансакциях потребительными свойствами ПС, важными, ценными для них, являются следующие:

3.1 Функциональная организованность ПС;

3.2 Эффективность использования ресурсов;

3.3 Эффективность использования активов;

3.4 Эффективность использования капитала;

3.5 Платежеспособность (ликвидность) ПС;

3.6 Оптимальность технологического производства;

3.7 Устойчивость функциональных возможностей и качества функционирования к факторам внешней среды;

3.8 Низкая чувствительность функциональных возможностей и качества функционирования к изменениям параметров внутренней среды;

3.9 Конкурентоспособность продуктов, производимых ПС;

3.10 Дифференцируемость продуктов.

Для потребителей объектов интеллектуальной собственности (ОИС) ПС важными потребительными свойствами ПС являются:

4.1 Способность обеспечить совершенствование функциональных возможностей и качества функционирования ПС (покупателя);

4.2 Востребовательность, применимость ОИС;

4.3 Охраноспособность ОИС;

4.4 Оборотоспособность ОИС;

4.5 Конкурентоспособность ОИС;

4.6 Совершенность (актуализированность) научно-технического ОИС;

4.7 Сервис (обслуживаемость, сопровождение) ОИС;

4.8 Гарантируемость (гарантии) качества ОИС.

Для кредиторов, включая государство, важными, ценными потребительными свойствами ПС будут следующие:

5.1 Платежеспособность (ликвидность) ПС;

5.2 Эффективность использования ресурсов;

5.3 Эффективность использования активов;

5.4 Эффективность использования капитала;

5.5 Конкурентоспособность продуктов;

5.6 Дифференцируемость продуктов;

5.7 Устойчивость функциональных возможностей и качества функционирования к факторам внешней среды;

5.8 Низкая чувствительность функциональных возможностей и качества функционирования к изменениям параметров внутренней среды.

Для стратегических инвесторов, покупателей крупных пакетов акций и кредиторов очень ценными являются такие потребительные свойства ПС, которые образуются как производные от выше перечисленных свойств: жизнеспособность ПС, конкурентоспособность ПС, и конкурентное преимущество ПС.

Выше приведенные потребительные свойства ПС, ценные для пяти основных групп потребителей, являются производными от базовых (или базисных) свойств ПС, т.е. они формируются как следствие от причин – базовых свойств ПС. Причем отображение (преобразование) каждого из совокупности базовых свойств ПС в потребительные свойства ПС происходит с разными силой , весом, значимостью, количеством базовых свойств, участвующих в формировании определенного потребительного свойства ПС. Такое отображение целесообразно оформлять в виде матрицы связи и отображения базовых свойств ПС в совокупность потребительных свойств ПС, элементами которой должны быть коэффициенты, показывающие силу, значимость, влияние каждого базового свойства на определенное потребительное свойство ПС (такие коэффициенты можно находить, используя трехбалльную шкалу уровней: высокий, средний, низкий, или иную) .

Теперь, зная совокупность потребительных свойств ПС, наиболее ценных для основных групп потребителей, можно подойти к формированию элементов, составляющих процедуру перехода (отображения) от главных целей ПС к задачам, далее к базовым функциям и затем к базовым свойствам ПС: главные цели->основные задачи->базовые функции->базовые свойства ПС.

Главные цели ПС можно сформулировать в интегрированном виде следующим образом:

1. Производство продуктов с высокими потребительными свойствами, качеством, в широком ассортименте с минимальными затратами (издержками), пользующихся высоким спросом (иными словами, производство продуктов, обладающих высокой конкурентоспособностью, с высоким уровнем дифференцируемости).
2. Эффективно функционировать, осуществлять производственную и коммерческую деятельность в краткосрочном и долгосрочном периодах (иными словами, иметь высокие эффективность использования ресурсов, активов и капитала, продуктивность использования ресурсов, платежеспособность).
3. Высокий уровень конкурентного преимущества ПС на долгосрочном периоде.

4. Высокий уровень жизнеспособности ПС (или устойчивость и низкую чувствительность ПС).

Из выше приведенных главных целей вытекает необходимость решения следующих основных задач:

1. Создать (произвести) продукт(ты) путем переработки ресурсов (путем преобразования ресурсов в продукт (ты)).
2. Эффективно использовать ресурсы.
3. Оптимизация технологического производства (продуктов).
4. Минимизация совокупных издержек (путем распределения и замещения ресурсов).
5. Максимизация прибыли (путем распределения объема (ов) продукта (ов)).
6. Максимизация совокупных объемов многопродуктового производства при ограничениях на объем используемых ресурсов.
7. Обеспечение оптимального уровня платежеспособности (ликвидности) ПС.
8. Обеспечение высокого уровня потребительных свойств, качества продукта (ов).
9. Обеспечение заданной степени дифференцируемости продуктов.
10. Обеспечение устойчивости базовых функциональных возможностей и качества функционирования к факторам внешней среды.
11. Обеспечение низкой чувствительности функциональных возможностей и
12. качества функционирования к изменениям параметров внутренней среды ПС.

13.Эффективно использовать активы (и капитал).

Кроме указанных, необходимо также отметить задачи интегрированные, отображающие в себе вышеперечисленные задачи : обеспечение высокого уровня конкурентоспособности, дифференцируемости продуктов; обеспечение высокого уровня конкурентного преимущества ПС; обеспечение жизнеспособности ПС (способности противостоять ударам конкурентных сил, изменениям факторов внешней и внутренней среды).

Для обеспечения возможности решения основных задач ПС требуется выполнение в ПС следующих базовых и главных функций:

1. Главная функция №1 – «Обеспечить создание продуктов, оказание услуг с требуемыми потребительными свойствами (качеством)».
2. Главная функция №2 – «Обеспечить создание функционально-структурной организации (ФСО) ПС и обеспечить уровень функциональной организованности ФСО, адекватный требующимся функциональным возможностям и качеству функционирования ФСО (ПС).

Выполнение главных функций обеспечивается исполнением совокупности базовых функций.

Базовые функции (как задание – создать или обеспечить создание заданного свойства):

1. Обеспечить эффективность использования ресурсов.

2. Обеспечить эффективность использования активов.
3. Обеспечить эффективность использования капитала.
4. Обеспечить оптимальность технологического процесса производства (продуктов, услуг).
5. Обеспечить платежеспособность (ликвидность) ПС.
6. Обеспечить конкурентоспособность производимых продуктов, оказываемых услуг.
7. Обеспечить заданную степень дифференцируемости продуктов, услуг.
8. Обеспечить устойчивость функциональных возможностей и качества функционирования к факторам внешней среды.
9. Обеспечить низкую чувствительность функциональных возможностей и качества функционирования к изменениям параметров внутренней среды.
10. Обеспечить наблюдаемость и управляемость основных процессов в ПС.

Базовая функция «Обеспечить оптимальность технологического процесса производства» в свою очередь состоит из нескольких основных функций:

1. Обеспечить проектирование нового продукта, услуги (включая проектирование технологии изготовления продукта, оказания услуги);
2. Обеспечить создание продукта (ов), оказания услуги (уг);
3. Обеспечить требуемые свойства (качество) продуктов, услуг;

4. Обеспечить требуемые свойства технологического процесса изготовления продуктов, оказания услуг.

Каждая из основных функций выполняется как результат исполнения соответствующей совокупности внутренних функций, реализуемых в определенной структуре (определенной совокупности элементов, связей между ними и определенных характеристик их элементов и связей).

Как функции, производные от главных и базовых функций, следует рассматривать также такие важнейшие функции ПС как:
-обеспечить конкурентоспособность ПС (фирмы, компании);
-обеспечить конкурентное преимущество фирмы на длительном периоде;
-обеспечить жизнеспособность ПС.

Выше мы специально сформулировали базовые функции в таком виде, чтобы была наглядной взаимосвязь между свойством ПС и функцией ПС, чтобы ощущалась причинно-следственная зависимость между функцией и свойством: свойство создается (образуется, достигается) только после надлежащего выполнения (реализации, функционирования) функции, для исполнения которой требуется соответствующая структура, т.е. требуется функционально-структурная организация.

Теперь, после формулировки главных целей ПС, вытекающих из них основных задач, главных и базовых (базисных) функций ПС, можно перейти к рассмотрению и описанию базовых (базисных) свойств ПС, которые, в свою очередь, создают, образуют всю совокупность потребительных свойств ПС, важных, ценных для разных групп потребителей.

Главное внутреннее свойство ПС заключается в степени функциональной организованности (ФО) функционально-структурной организации (ФСО) ПС. Именно свойство – функциональная организованность «ФСО» определяет состав, виды функциональных возможностей (потенциально выполнимых функций в имеющейся ФСО (ПС)) и качество функционирования этих возможностей.

В дальнейшем, при осуществлении предпринимательской деятельности, будут происходить, реализовываться динамические процессы исполнения только тех функций, которые вошли в состав функциональных возможностей созданной производственной системой ФСО. Поэтому свойство «функциональная организованность» становится главным внутренним свойством ФСО (ПС), т.е. свойством, от которого зависит образование, создание всех базисных свойств ПС.

Главное свойство «Функциональная организованность» ФСО (ПС) является интегрированным свойством, его можно описать группой свойств:

1. Актуализированность;
2. Сосредоточенность;
3. Совместимость;
4. Гибкость,

рассматриваемых по отношению к созданной (или разрабатываемой) функционально-структурной организации ПС, т.е. относительно совокупности функций и связей в рассматриваемой ФСО (ПС).

Главное свойство «Функциональная организованность» ФСО (ПС) характеризует уровень функционально-структурного совершенства рассматриваемой ФСО (ПС), отсюда - уровень затрат на функционирование тех или иных функций с учетом их значимости для создания базовых свойств ПС. Свойство «Функциональная организованность» ФСО (ПС) может оцениваться через группу частных показателей – коэффициентов: актуализации, функционального воплощения, совместимости, функциональных возможностей, которые рассчитываются на основе анализа функционально-структурной модели схемы организации ПС при проведении функционально-стоимостного анализа ПС.

В состав базовых (базисных) свойств ПС, вытекающих из совокупности базовых функций (т.е. исходя из главных целей ПС), входят следующие свойства (обозначим- «Базовые свойства ПС»).

1-ПС. Эффективность использования ресурсов.

2-ПС. Эффективность использования активов.

3-ПС. Эффективность использования капитала.

4-ПС. Оптимальность технологического процесса производства (продуктов, услуг).

5-ПС. Платежеспособность (ликвидность) ПС.

6-ПС. Конкурентоспособность производимых продуктов, оказываемых услуг.

7-ПС. Дифференцируемость продуктов, услуг.

8-ПС. Управляемость состояния исполнения внутренних и базовых функций и достижимостью требуемых значений базовых свойств для всей их совокупности.

9-ПС. Устойчивость функциональных возможностей и качества их функционирования к факторам внешней среды.

10-ПС. Низкая чувствительность функциональных возможностей и качества их функционирования к изменениям параметров внутренней среды ПС.

Свойствами, производными от главного внутреннего свойства (ФО) и совокупности базовых свойств, в интегрированном виде, будут следующие свойства:

1. конкурентоспособность фирмы (ПС);
2. конкурентное преимущество фирмы в долгосрочном периоде;
3. жизнеспособность ПС;
4. способность гарантировать качество функционирования (процессов исполнения) совокупности базовых функций.

Теперь, на основании вышеизложенных понятий, можно сформулировать механизм, показывающий взаимосвязи и взаимозависимости между главным внутренним, базовыми свойствами ПС и свойствами основных элементов ПС.

Для этого в начале определим перечни базовых свойств для следующих основных элементов ПС:

1. Технологический процесс (ТП) производства продуктов и оказания услуг;

2. Функционально-структурная организация (ФСО) ПС;
3. Система управления ПС;
4. Продукты и услуги, производимые и оказываемые ПС.

При этом необходимо учитывать, что технологический процесс производства продуктов включает в себя собственно технологию производства, функционально-структурную организацию и управление.

Группа базовых свойств для ТП производства продукции, оказания услуг включает в себя (обозначим -Базовые свойства ТП):

1-ТП. Оптимальность ТП.

2-ТП. Гибкость ТП.

3-ТП. Совместимость элементов ТП.

4-ТП. Пригодность для контроля качества продуктов, услуг.

5-ТП. Устойчивость ТП к факторам внешней среды.

6-ТП. Низкая чувствительность ТП к изменениям параметров внутренней среды.

Свойствами, производными от базовых свойств ТП, являются:

7-ТП. Продуктивность использования ресурсов.

8-ТП. Надежность ТП производства.

Группа базовых свойств функционально-структурной организации ПС (обозначим – «Базовые свойства ФСО (ПС)») состоит из:

1-ФСО. Функциональная организованность ФСО.

2–ФСО. Эффективность использования ресурсов.

3–ФСО. Эффективность использования активов ПС.

4–ФСО. Эффективность использования капитала.

5–ФСО. Платежеспособность (ликвидность) ПС.

6–ФСО. Устойчивость функциональных возможностей и качества функционирования ФСО к факторам внешней среды.

7-ФСО. Низкая чувствительность функциональных возможностей и качества функционирования ФСО к изменениям параметров внутренней среды ПС.

Базовое свойство системы управления «Управляемость состояния исполнения внутренних и базовых функций и достижимостью требуемых значений базовых свойств для всей их совокупности» определяется (как причинами) совокупностью из следующих групповых свойств:

1-У – Внутренние свойства структуры управления;

2-У – «Управляемость характеристик исполнителей»;

3-У -«Управляемость характеристик ресурсов»;

4-У – «Наблюдаемость состояния исполнения функций и свойств ПС»;

5-У – «Диагностируемость причин отклонений совокупности базовых свойств ПС»;

6-У – «Внутренние свойства структуры ФСО (для совокупности базовых функций), а также производными от них свойствами:

7-У – Реактивность структуры управления;

8-У – Производительность структуры управления;

9-У – Управляемость структуры ФСО (для совокупности базовых функций).

В свою очередь, базовое свойство «Управляемость состояния исполнения внутренних и базовых функций и достижимостью требуемых значений базовых свойств для всей их совокупности» само определяет, как причина, такие важные для потребителей свойства системы управления, как эффективность управления, скорость и производительность управления, стабильность управления, образующие в совокупности свойство "качество управления».

Группа базовых свойств производимых продуктов, оказываемых услуг (обозначим – «Базовые свойства продуктов, услуг»):

1-П. Конкурентоспособность продуктов, услуг.

2-П. Дифференцируемость продуктов, услуг.

3-П. Обслуживаемость (сервис, сопровождение) продуктов, услуг.

И, наконец, группа свойств, производных от главного и базовых свойств ТП, ФСО, Управления и Продуктов (обозначим – «Производные интегрированные свойства ПС»), включает в себя:

1-Пр. Конкурентоспособность ПС (фирмы).

2-Пр. Конкурентные преимущества ПС (фирмы) на длительном периоде.

3-Пр. Жизнеспособность ПС (фирмы).

4-Пр. Способность гарантировать качество функционирования совокупности базовых функций ПС в целом.

На основе всего вышеизложенного в данном разделе материала (понятий, подходов, принципов) можно формализовать и описать механизмы формирования потребительной ценности (совокупности свойств) ПС и управления процессами формирования базовых свойств ПС. Итоги такой формализации приводятся на рис. 1-4.

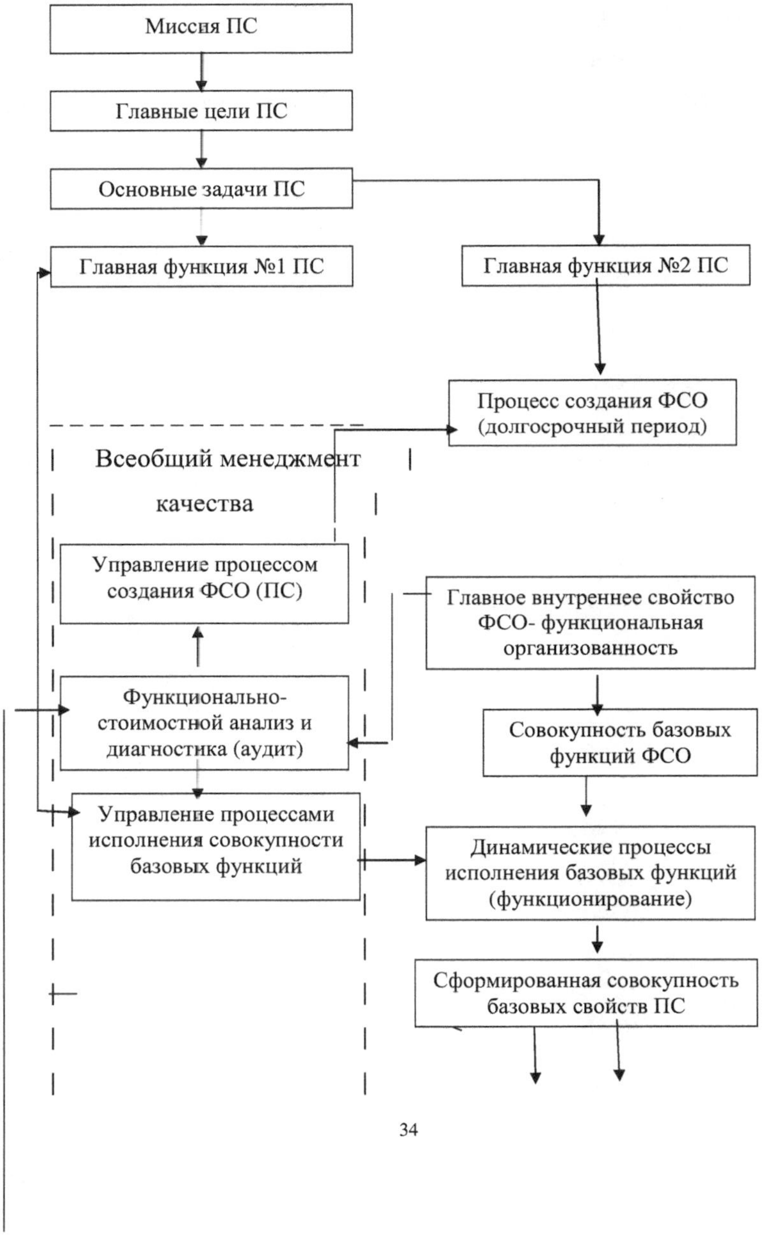
Миссия ПС
Главные цели ПС
Основные задачи ПС
Главная функция №1 ПС
Главная функция №2 ПС
Процесс создания ФСО (долгосрочный период)
Всеобщий менеджмент качества
Управление процессом создания ФСО (ПС)
Главное внутреннее свойство ФСО- функциональная организованность
Функционально-стоимостной анализ и диагностика (аудит)
Совокупность базовых функций ФСО
Управление процессами исполнения совокупности базовых функций
Динамические процессы исполнения базовых функций (функционирование)
Сформированная совокупность базовых свойств ПС

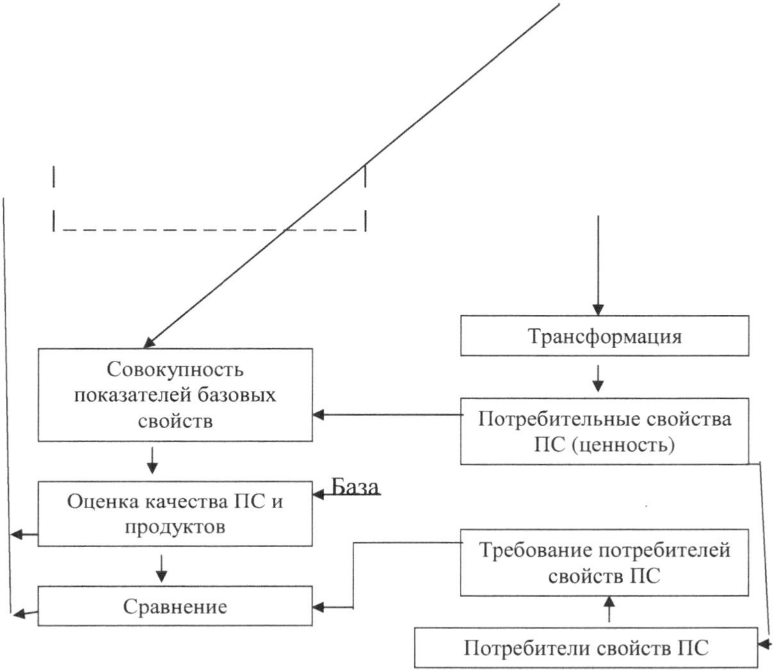

Рис. 1-4. Механизм формирования потребительной ценности

Раздел 2 . Функциональная организованность производственных систем.

В данном разделе мы рассмотрим главное внутреннее свойство ПС – функциональная организованность (ФО), которое характеризует важнейший элемент любой производственной системы, каковым представляется «Организация» ПС, а точнее - функционально-структурная организация (ФСО) производственной системы.

Функционально-структурная организация производственной системы представляет собой организованную определенным образом структуру, элементами которой являются функции и содержащую направленные связи между элементами – функциями, в рамках которой осуществляется исполнение (реализация) и взаимодействие отдельных внутренних функций в соответствии с определяемым структурой порядком (последовательность, очередность, степень наложения, перекрытия, синхронизации, степень параллельности исполнения отдельных функций и др.).

Функциональная система, в том числе ПС, ФСО (ПС), может быть признанной внутренние организованной, если она соответствует принципам совместимости, актуализации, сосредоточения и гибкости. Степень такого соответствия можно рассматривать как степень организованности функциональной системы.

Функциональная организованность ФСО (ПС) как свойство «организации» ПС – ФСО (ПС) означает способность (возможность) легко, быстро, с небольшими затратами изменять, перестраивать структуру ФСО (состав и содержание элементов-функций, состав и направленность связей между функциями) и порядок взаимодействия функций с целью совершенствования ФСО.

Такая способность может быть обеспечена путем (за счет) модульности используемых элементов (функций), наличия базовых элементов, из которых могут образовываться (как производные) другие элементы, гибкости структуры, высокой степени параллелизма в исполнении отдельных функций, совместимости, согласования отдельных элементов (функций), наличия избыточных элементов (функций) и резервных путей (связей) и другими способами.

Состояние свойства «Функциональная организованность» показывает уровень совершенства «организации» системы. Оценка состояния свойства «ФО» означает оценку уровня совершенства функциональной организации системы.

Функциональная организованность как степень совершенства функциональной организации системы отображает и показывает следующие важные возможности (свойства) системы и состояние их:

1. Возможности развития, совершенствования системы;
2. Возможности восстановления системы после кризисов, ударов внешних сил, аварий;
3. Возможности системы адаптироваться к изменяющимся условиям и факторам внутренней и внешней среды;
4. Возможности изменения состояния в сторону рациональной минимизации и текущее состояние количества и соотношения между избыточными элементами, связями (путями) и требующимися резервными элементами, связями (путями);

5. Состояние и возможности изменения содержания функций и связей;
6. Состояние и возможности изменения порядка взаимодействия функций (элементов).

Именно эти возможности оказывают определяющее влияние, воздействие на такие принципиально важные характеристики и свойства ПС, как: жизнеспособность, выживаемость, надежность, реактивность, производительность, стоимость, эффективность, качество, а отсюда – конкурентоспособность и конкурентное преимущество фирмы в долгосрочной перспективе.

При этом необходимо отметить, что минимально-необходимые способы достижения свойства «Функциональная организованность» заложены в вышеуказанных принципах внутренней организованности систем: совместимости, актуализации, сосредоточения и гибкости.

Оценить свойство «Функциональная организованность» системы, изделия с позиции соответствия заданным принципам можно с помощью совокупности частных (индивидуальных) коэффициентов, которые могут быть рассчитаны на основе анализа функционально-структурной модели системы, изделия. Ниже в таблице приводятся эти коэффициенты и формулы для их расчета.

Принцип	Показатель	Расчетная формула	Обозначение
Актуализации	k_{aF}, k_{aN}, k_{aC} – коэффициенты актуализации (функций, элементов и связей)	$k_{aF} = \frac{F_п}{F_{об}}$, $k_{aN} = \frac{N_п}{N_{об}}$, $k_{aC} = \frac{C_п}{C_{об}}$	$F_п$ – необходимые (позитивные) функции; $N_п$ – количество полезных (функциональных) элементов; $C_п$ – количество полезных (функциональных) связей; $N_{об}$, $C_{об}$ – общее количество соответственно элементов и связей в изделии; $F_{об}$ – общее количество действительных функций
Сосредоточения	$k_{ф.BF}$, $k_{ф.BN}$, $k_{ф.BC}$ – коэффициенты функционального	$k_{фBF} = \frac{F_{осн}}{F_{об}}$, $k_{ф.BN} = \frac{N_{осн}}{N_{об}}$, $k_{ф.BN} = \frac{C_{ВШ}}{C_{ВШ} + C_{ВН}}$	$F_{осн}$ – количество основных функций; $N_{осн}$ – количество материальных носителей основных функций; $C_{ВШ}$, $C_{ВН}$ –

	воплощения (концентрации функций, элементов и связей)		соответственно количество внешних и внутренних связей
Совместимости	k_{cF}, k_{cN}, k_{cC} – коэффициенты совместимости (по функциям, материальным элементам и связям)	$k_{cF} = 1 - \frac{F_c}{F_{об}}$, $k_{cN} = 1 - \frac{N_c}{N_{об}}$, $k_{cC} = 1 - \frac{C_c}{C_{об}}$	F_c – функции согласования; N_c, C_c – соответственно количество элементов-посредников и связей, выполняющих функции согласования (компенсации)
Гибкости	$K_{ф.ш}$ – коэффициент функциональных возможностей (широты)	$k_{ф.ш} = \frac{F_p}{F_п + F_p}$	F_p – количество потенциальных функций (в том числе регулируемых)

Чем выше уровень функциональной организованности ФСО (ПС), тем выше степень совершенства рассматриваемой ФСО (ПС).

В разрабатываемой, создаваемой или модернизируемой для конкретной ПС функционально-структурной организации (ФСО) должен быть достигнут такой уровень функциональной организованности, который был бы адекватен требующимся функциональным возможностям.

В предыдущем разделе было показано, что требующиеся функциональные возможности для ФСО (ПС) должны включать в себя следующую совокупность базовых функций:

1.Обеспечить оптимальность технологического процесса производства (продуктов, услуг).

2.Обеспечить эффективность использования ресурсов.

3.Обеспечить эффективность использования активов.

4.Обеспечить эффективность использования капитала.

5.Обеспечить платежеспособность (ликвидность) ПС.

6.Обеспечить конкурентоспособность производимых продуктов, оказываемых услуг.

7.Обеспечить заданную степень дифференцируемости продуктов, услуг.

8.Обеспечить устойчивость функциональных возможностей и качества их функционирования к факторам внешней среды.

9.Обеспечить низкую чувствительность функциональных возможностей и качества их функционирования к изменениям параметров внутренней среды.

10.Обеспечить управляемость состояния исполнения внутренних и базовых функций ПС и достижимостью требуемых значений базовых свойств для всей их совокупности.

При этом необходимо отметить особую роль, которая отводится для базовой функции «Обеспечить управляемость состояния исполнения совокупности внутренних и базовых функций ПС (.)». Именно благодаря этой функции образуется принципиальная возможность целенаправленно изменять (управлять) состояние и степень исполнения совокупности внутренних и базовых функций, а, значит, управлять качеством функционирования всех базовых функций, а также создается возможность управлять степенью достижения (достижимостью) требуемых значений базовых свойств для всей их совокупности. Кроме этого данная базовая функция порождает, как производные, две важнейшие базовые функции «Обеспечить устойчивость и низкую чувствительность функциональных возможностей и качества их функционирования к изменениям факторов внешней и внутренней среды ПС», которые обеспечивают, гарантируют стабильность функциональных возможностей и качества их функционирования.

Отсюда следует, что функционально-структурная организация ПС в целом должна включать в себя все необходимое множество базовых функций (№1÷10), указанных выше, другими словами ФСО ПС должна создаваться в виде композиции из ФСО для каждой базовой функции с №1÷10.

Порядок взаимодействия базовых функций в их совокупности, учитывающий причинно-следственные связи между ними должен адекватно отображаться при взаимодействии ФСО каждой базовой функции в составе единой ФСО производственной системы.

Созданная таким образом (способом) ФСО ПС может рассматриваться как основа для построения или модификации ФСО в фирмах, как базовая функционально-структурная организация для ПС многих отраслей, поскольку она обеспечивает достижение 10 базовых свойств, из которых, как производные, образуются любые потребительные свойства, важные для всех основных групп потребителей ПС.

Именно при такой базовой ФСО производственной системы можно применять принципы и концепции современных теорий управления, прежде всего всеобщего менеджмента качества (TQM), и реализовывать их в виде конкретных рабочих технологий управления.

Такая базовая ФСО ПС может быть использована как база для сравнения и последующей оценки: качества функционирования имеющейся на фирме ФСО; степени соответствия принципам TQM; степени риска инвесторов; качества риск-менеджмента фирмы и др.

Базовая ФСО производственной системы показывает пути, направления, конкретные способы для совершенствования ФСО и качества ПС.

Раздел 3. Базовые свойства производственной системы и их функциональное обеспечение.

Раздел 3.1. Базовые свойства технологического процесса и их функциональное обеспечение.

Дадим определения для базовых свойств технологического процесса (ТП) изготовления продуктов и оказания услуг:

1. Оптимальность ТП изготовления продуктов и/или оказания услуг – групповое свойство совокупности процессов: распределения последовательности выполнения работ (операций), распределения характеристик, мощностей, режимов и размещения элементов ТП, распределения объемов и скоростей перемещения и передачи между элементами ТП ресурсов, полуфабрикатов и конечных продуктов. Оно означает возможности минимизации общих, совокупных затрат ТП в целом, максимизации общей пропускной способности ТП, максимизации итоговой производительности ТП, максимизации общей эффективности использования (загрузки) производственных мощностей и ряда других (производных от вышеперечисленных) показателей и характеристик, достигаемые путем оптимального распределения последовательности выполнения совокупности работ (операций), оптимального

распределения характеристик, мощностей, режимов и размещения элементов ТП, распределения объемов и скоростей перемещения и передачи ресурсов, полуфабрикатов и конечных продуктов и др.

2. Совместимость элементов ТП – означает возможность использования совокупности элементов в едином технологическом процессе без ухудшения общих характеристик и показателей ТП в целом, прежде всего за счет согласования и приведения в соответствие совокупности характеристик (пропускная способность, технические характеристики, производительность, качественные характеристики и др.) элементов, при котором минимизируются избыточные и/или недостаточные значения показателей характеристик отдельных элементов.
3. Гибкость ТП – означает возможность быстрого и доступного по стоимости изменения значений показателей и характеристик отдельных элементов и ТП в целом, включая структуру ТП, для перенастройки на новые требуемые значения режимов, показателей и характеристик, для модернизации с целью перехода на новые виды продуктов, услуг и/или увеличения производственных мощностей и т.п..

Гибкость ТП достигается обычно за счет модульного построения отдельных элементов и ТП в целом, универсальности, многофункциональности и избыточности структурной организации и управления ТП в целом и иными мерами.

4. Пригодность ТП для контроля качества производимых продуктов и оказываемых услуг - означает доступные по времени и стоимости

возможности измерения и оценки заданного набора потребительных свойств изготавливаемых продуктов, услуг путем оценки соответствующей им совокупности единичных, групповых или обобщенных показателей.

Данное свойство достигается за счет определенной функционально-структурной организации ТП, функционально - структурной организации конечного продукта, услуги, алгоритмов и процедур, в т.ч. статистических, контроля и оценки параметров, показателей и характеристик операций, работ в составе ТП, а также допустимости контроля отдельных ресурсов, промежуточных и конечных продуктов, услуг.

5. Устойчивость показателей и характеристик ТП к внешним возмущениям, воздействиям факторов внешней среды - означает способность ТП сохранять по истечении заданного интервала времени неизменными или в допустимых пределах значения основных критериев (оптимизации), характеристик и показателей ТП при воздействии в течении некоторого периода времени одного или совокупности факторов внешней среды. Здесь имеется в виду, что после воздействия фактора(ов) внешней среды характеристики ТП изменяются, но в результате использования управляющих воздействий эти характеристики, осуществив некоторые колебания и изменения, возвращаются к прежним значениям или входят в допустимые границы.

   Устойчивость ТП достигается за счет функционально-структурной организации и управления элементами и ТП в целом, прежде всего за счет механизма обратной связи, включая возможности контроля и наблюдения за определенной совокупностью переменных, параметров, показателей и характеристик ТП, функциональной среды, а также за счет процедур диагностики причин (факторов среды) изменения характеристик, показателей ТП.

Устойчивость показателей и характеристик ТП к внешним возмущениям однозначно приводит к стабильности свойств продуктов и услуг, производимых в таком ТП при внешних воздействиях, при равных остальных условиях.

6. Низкая чувствительность параметров, показателей и характеристик ТП к изменениям параметров элементов ТП, ресурсов, промежуточных продуктов, т.е. к внутренним возмущениям, факторам внутренней среды - означает способность ТП незначительно изменять основные характеристики и показатели ТП при, так называемых, «параметрических возмущениях», т.е. при значительных отклонениях параметров элементов ТП, параметров ресурсов и промежуточных продуктов от их расчетных (номинальных) значений. При этом имеется в виду, что «значительные» изменения параметров находятся в заданных определенных границах, пределах, нормативах для рассматриваемых параметров.

Низкая чувствительность ТП к параметрическим возмущениям означает (приводит к) также низкую чувствительность показателей свойств продуктов, услуг, производимых в данном ТП, к этим же параметрическим возмущениям.

Низкая чувствительность ТП к параметрическим возмущениям достигается за счет функционально - структурной организации и управления ТП, корректирующих воздействий, с помощью которых можно регулировать, компенсировать действие параметрических отклонений, организации контроля, наблюдения за параметрами, а также использования диагностических процедур для выявления причин изменения параметров и за счет других мер.

Свойствами, производными (вытекающими из) от рассмотренных выше шести основных свойств ТП, являются свойства:

7. Продуктивность использования ресурсов в ТП.
8. Надежность ТП.

Данные свойства относятся к очень значимым для ТП свойствам, хотя и вытекают, следуют из шести основных свойств ТП.

7. Продуктивность использования ресурса в ТП производства продуктов, оказания услуг, как свойство, означает возможность или способность одной единицы ресурса создавать определенный (заданный) объем продукта в совокупности с другими (необходимыми) ресурсами.

Продуктивность использования совокупности ресурсов означает способность одной единицы совокупности ресурсов создавать определенный объем продукта.

Данное свойство зависит от вида, поведения и характеристик производственной функции (ПФ), которая отображает зависимость между количествами (в натуральных единицах) ресурсов и продуктов и определяется основными свойствами ТП производства продукта, функционально-структурной организацией ТП и управлением ТП, а также зависит от задаваемого объема продукта и структуры (соотношения) ресурсов.

Поэтому достигается, обеспечивается свойство «Продуктивность использования ресурса(ов)» путем (за счет) изменения основных свойств ТП: оптимальность, гибкость, совместимость, т.е. изменяя вид, поведение и характеристики производственной функции (ПФ), а также путем распределения ресурсов (изменения их структуры) и объема продукта.

8. Надежность ТП производства продуктов и оказания услуг- означает способность технологического производства стабильно создавать (изготавливать) продукты и оказывать услуги с требуемым качеством (свойствами) в течении определенного периода(производственной деятельности) в заданных режимах и условиях применения.

Надежность ТП производства продуктов и оказания услуг достигается прежде всего путем обеспечения основных свойств ТП: оптимальность, совместимость, гибкость, модульность, пригодность для контроля качества продуктов и услуг, устойчивость и низкая чувствительность к «параметрическим» возмущениям, а также за счет надежности (безотказности работы) элементов, оборудования и иных технических подсистем ТП.

В качестве показателей, с помощью которых можно оценивать вышеприведенные базовые свойства ТП изготовления продуктов и оказания услуг, рассмотрим следующие:

1. Свойство «Оптимальность ТП».

Критерии оптимальности ТП:

Минимум общих совокупных затрат ТП в целом;

Максимум общей пропускной способности ТП;

Максимум производительности (в единицу времени) ТП;

Максимум общей эффективности использования (загрузки) производственных мощностей ТП.

Оптимальность ТП при использовании данных критериев (оптимальности) достигается путем выбора (расчетно) распределения последовательности выполнения совокупности работ (операций), распределения характеристик, мощностей, режимов и размещения элементов ТП, распределения объемов и скоростей перемещения и передачи ресурсов, полуфабрикатов и конечных продуктов.

При этом используются известные методы теории исследования операций, используемые для решения распределительных задач по назначению и размещению ресурсов, общей распределительной задачи, задачи управления запасами, задач замены, ремонта оборудования, задач массового обслуживания, задач упорядочения и согласования, сетевых задач, задач поиска и др.

В качестве показателей базового свойства «Оптимальность технологического процесса» в соответствии с используемыми критериями оптимальности можно использовать следующую совокупность показателей, которую необходимо рассматривать совместно:

Общие совокупные затраты ТП в целом;

Общая пропускная способность ТП;
Общая производительность (в единицу времени) ТП;
Общая степень использования (загрузки) производственных мощностей ТП.

2. Свойство «Совместимость (соответствие, согласование) элементов ТП», оценивается по следующему набору показателей и характеристик в комплексе:
Пропускная способность или продуктивность использования входного (в элемент) ресурса, промежуточного продукта (отношение количества выходного (из элемента) продукта к количеству входного ресурса);
Производительность элемента (количество натуральных единиц ресурса, полуфабриката, созданных за одну единицу времени);
Группа технических (измеряемых) характеристик, показателей;
Группа качественных (не измеряемых количественно) показателей, характеристик.
Третий и четвертый показатели зависят от вида, природы элементов и ТП в целом.

3. Свойство «Гибкость ТП».

Гибкость ТП в части возможностей изменения набора основных показателей и характеристик отдельных элементов ТП и ТП в целом будем оценивать с помощью показателей, в качестве которых используем допустимые изменения (допуска) рассматриваемых показателей и характеристик. При этом допустимыми изменениями (отклонениями от номинальных значений) считаются такие изменения, которые допускаются техническими паспортами, техническими условиями поставщиков отдельных элементов ТП (оборудование, другие технические подсистемы) и ТП в целом. Кроме этого используем показатели степени взаимозаменяемости отдельных элементов и/или их составляющих (степень унификации, модульности).

Гибкость ТП в части возможностей изменения структуры ТП (состав элементов, размещение, связи) можно оценивать через коэффициент возможностей (широты) в виде:

$$K_{фш} = \frac{Ф_р}{Ф_п + Ф_р}$$

где, $Ф_р$ – количество потенциальных функций (в т.ч. регулируемых);

$Ф_п$ – количество необходимых (позитивных) функций для ТП.

4. Свойство «Пригодность ТП для контроля качества» производимых продуктов и оказываемых услуг можно оценивать группой следующих показателей:

Объем (количество) доступных измерению и оценке потребительных свойств и соответствующих им показателей конечного продукта, услуги;

Отношение доступных измерению к общему количеству :

-свойств конечного продукта, услуги;

-показателей свойств конечного продукта, услуги;

-видов (типов) ресурсов, промежуточных продуктов;

-операций, работ, составляющих ТП изготовления конечного продукта, услуги;

-элементов ТП.

5. Свойство «Устойчивость показателей и характеристик ТП к внешним возмущениям», воздействиям факторов внешней среды можно оценивать посредством ряда показателей, на основе следующих представлений.

Свойство «Устойчивость показателей и характеристик ТП к внешним возмущениям» проявляется в степени соблюдения системы неравенств (соотношений) между фактическими изменениями (отклонениями от расчетных) совокупности рассматриваемых показателей и характеристик ТП, вызванными некоторыми изменениями ряда факторов внешней среды на определенном периоде времени, и допустимыми (требуемыми) отклонениями данных показателей и характеристик ТП.

Если все заданные соотношения соблюдаются, то ТП обладает свойством «Устойчивость показателей и характеристик ТП к внешним возмущениям», если частично выполняются такие соотношения, то устойчивость ТП низкая.

Чем меньше величины допустимых значений для изменений рассматриваемой совокупности показателей и характеристик ТП, тем выше требования к свойству – «Устойчивость ТП», и тем сложнее их выполнять.

Свидетельством или подтверждением наличия в ТП свойства – «Устойчивость ТП» служат результаты проверки соблюдения системы неравенств (соотношений) между допустимыми и фактическими изменениями (вызванными внешними факторами) показателей и характеристик ТП. Причем рассматриваться в этом случае должны показатели и характеристики базовых свойств ТП.

В основном это будет свойство – «Оптимальность ТП», а также частично, производное (от базовых свойств) свойство «Продуктивность использования ресурсов в ТП». Остальные базовые свойства ТП будут в значительно меньшей степени зависеть от изменений факторов внешней среды, поэтому здесь могут не учитываться.

В качестве системы неравенств (одно или двухсторонних), следует использовать одно или двухсторонние соотношения (ограничительного типа) для критериев оптимальности, которые могут быть использованы (см. понятие свойства «Оптимальность ТП») для достижения или обеспечения свойства «Оптимальность ТП» (минимум общих совокупных затрат, максимум общей пропускной способности ТП и т.д.). Такие соотношения можно представить в общем виде:

$$\Delta 1J \leq \Delta К опт..J \leq \Delta 2J , \qquad J=1,\ldots..q,$$

где: ΔКопт.J – фактические изменения j-го критерия оптимальности ТП;

Δ1J и Δ2J – нижнее и верхнее допустимые изменения (значения) j-го

критерия оптимальности ТП;

q – количество используемых критериев оптимальности ТП.

Для отдельных критериев оптимальности возможны односторонние (только снизу или только сверху) ограничения.

6. Свойство «Низкая чувствительность параметров, показателей и характеристик ТП к изменениям параметров внутренней среды (параметрическим возмущениям)» может оцениваться показателями на основе следующих представлений.

Как известно, «параметрические возмущения» (факторы внутренней среды) приводят к изменениям, отклонениям от расчетного (номинального) значения параметров, показателей и характеристик ТП, характеризующих степень достижения базовых свойств ТП.

Величину таких отклонений показателей (параметров, характеристик) можно оценить в виде;

$$\Delta П_j = \sum_{K=1}^{Q} \frac{\partial П_j}{\partial a_к} \cdot \delta a_к ,$$

где: $\partial П_j / \partial a_k$- чувствительность j-го показателя к изменению к-го параметра (или частная производная функции $П_J$ ($a_к$) по аргументу $a_к$);

$\delta a_к$, $\Delta П_J$ – отклонения от расчетных значений параметров и соответствующее изменение показателей ТП;

Q – Количество рассматриваемых (используемых) параметров.

При этом находится предельная величина изменения показателя(ей), вызванного (обусловленного) предельными отклонениями Q параметров. Такой случай представляется наихудшим вариантом.

В реальности вероятность одновременного максимального отклонения от расчетного значения для всех Q параметров крайне низка, поэтому расчеты по выше приведенной зависимости позволяют оценивать наихудшие варианты, либо создавать некоторый запас на неучтенные факторы.

Отсюда в качестве показателей для оценки свойства «Низкая чувствительность параметров, показателей и характеристик ТП к изменениям параметров внутренней среды («параметрическим возмущениям»)» можно использовать следующие:
1).Чувствительность j-го показателя базовых свойств ТП к изменениям к-го параметра ТП.

Находится данный показатель в виде частной производной ∂ПJ /∂ак (если известна функциональная зависимость ПJ (ак), либо в виде конечной разности ΔПJ /Δак когда неизвестна функция, но имеется таблица изменений Δак и ΔПJ) для заданной совокупности показателей и параметров. При этом следует особо отметить, что частные производные или конечные разности всегда находятся в точке (накопленное значение аргумента(ов) или функции). При вычислении конечной разности ΔПJ /Δак следует иметь в виду, что Δк должна быть достаточно малой величиной.

Величина изменения от расчетного значения j-го показателя вызванного отклонениями от расчетных значений группы значимых параметров, определяется в виде:

$$\Delta\Pi_j = \sum_{\kappa=1}^{Q} \frac{\Delta\Pi_j}{\Delta a_\kappa} \cdot \delta a_\kappa \ ,$$

При этом в качестве показателей следует рассматривать показатели базовых свойств ТП «Оптимальность ТП» и «Совместимость элементов ТП», как зависимые от «параметрических возмущений», а в качестве параметров – параметры характеристик ресурсов, промежуточных продуктов и элементов ТП. Это означает также, что требуется наличие свойства «Наблюдаемость» в отношении вышеуказанных параметров и показателей (критериев).

7. Свойство «Продуктивность использования ресурсов в ТП производства продуктов, оказания услуг» удобно оценивать следующими показателями.

В начале рассмотрим случай однопродуктового производства.

1. Предельная продуктивность использования j-го ресурса (ППИР$_J$, j=1,…m) - $\Delta У/\Delta X_J \,|_у^*$ - представляет собой отношение прироста (относительно заданного значения) объема (в натуральных единицах) продукта, вызванного приростом (добавлением) одной единицы (в натуральном измерении) ресурса, к этому добавленному объему ресурса.

Прирост объема продукта рассматривается по отношению к некоторому предыдущему значению объема продукта, величина которого переменна и может изменяться в заданном диапазоне (от одной единицы до некоторого максимального значения).

ППИР$_J$, как и частная производная функции по j-му аргументу, зависит от значения (уровня) объема продукта (функции) и от соотношения (структуры) между __составляющими X_J (аргументы) ресурсов в рассматриваемой точке X_* (вектор).Поэтому путем выбора, распределения объема продукта и объемов ресурсов можно находить наиболее приемлемые значения для всех m $ППИР_J$.

Следует особо отметить, что показатели $ППИР_J$ и ниже рассматриваемые, рассчитываются, определяются, находятся _ при заданной, известной производственной функции (ПФ): Y=f (x).

Средняя продуктивность использования j-го ресурса (СПИРj, j=1,…m) – представляет собой отношение объема (в натуральных единицах) продукта к объему j-го ресурса (в натуральных единицах), затраченного, использованного при создании, производстве данного объема продукта на некотором периоде времени – месяц, квартал, год.

Продуктивность использования совокупности ресурсов (ПИСР) можно представить в виде m- мерного вектора , составляющими которого являются ППИРj, j=1,…m.

При этом значении $ППИР_j$,_ j=1…m, находятся для одной общей точки X_* в m- мерном пространстве X для заданного объема (Y) продукта, т.е.

$$ПИСР \leftrightarrow \frac{\Delta Y}{\Delta \overline{X}} = \left[\frac{\Delta Y}{\Delta X_1}; \frac{\Delta Y}{\Delta X_2}; \cdots \frac{\Delta Y}{\Delta X_m} \right] \Bigg|_{\overline{X}_*,\ Y_*}$$

8. Свойство «Надежность ТП» можно оценивать целым рядом показателей, число которых достаточно велико и разнообразно. Здесь будут указаны лишь некоторые из таких показателей, учитывая особенности ТП производства продуктов, оказания услуг,

вытекающие из необходимости только технического обслуживания элементов ТП в целом.

Показатель надежности может характеризовать степень приспособленности системы (ТП,…) к выполнению поставленной задачи. При этом возможны три вида таких показателей: качественные, порядковые и количественные.

Качественные показатели надежности позволяют отличать системы друг от друга, но не позволяют сравнивать их по степени выполнения поставленной задачи, т.е. по надежности.

Порядковые показатели надежности также не содержат количественной оценки степени предпочтения одного варианта системы перед другим, но содержат информацию, позволяющую обосновать предпочтение одному из вариантов, расположить варианты в ряд по степени возрастания надежности.

Количественные показатели надежности содержат информацию, обеспечивающую оценку степени предпочтения одного из вариантов системы при применении ее по назначению, они выражают надежность в виде числа в принятой шкале оценок в абсолютных или относительных единицах, а определяются путем непосредственных статистических наблюдений за функционированием системы и поведением какой-либо ее основной характеристики, показателя, выходного параметра.

В статистической теории надежности рассматривается случайная величина – время безотказной работы или время появления отказа (выхода из строя) элемента или системы. Случайное время безотказной работы является понятием обобщенным. Различные характеристики надежности – это обычно характеристики случайного времени безотказной работы элементов, систем, в т.ч. ТП. Очень часто в технических системах за основную количественную меру надежности принимается вероятность безотказной работы элемента, системы (ТП) в течении заданного времени в определенных условиях.

Иными словами, надежность определяется как вероятность того, что время t безотказной работы элемента или системы будет больше заданного T_*:

$$p(t) = \text{Вер}\{t > T^*\}$$

Наряду с p(t) используются также другие характеристики надежности, в частности, плотность распределения (плотность вероятности) времени безотказной работы:

$$f(t) = -\frac{dp(t)}{dt} \ ,$$

интенсивность отказов:

$$\lambda(t) = \frac{f(t)}{p(t)} = -\frac{dp(t)/dt}{p(t)} \ ,$$

Из последнего выражения находится часто используемая зависимость для функции надежности элемента (системы):

$$p(t) = \exp[-\int_0^t \lambda(t)dt] \, ,$$

которая при λ= const значительно упрощается:

$$p(t) = \exp[-\lambda t].$$

Здесь знак «exp» означает показательная функция, экспонента.

Часто применяется также условная вероятность безотказной работы системы в течении времени (эксплуатации) – $[t_1, t_2]$, которая была исправна к началу данного периода (при λ=const):

$$p\ (t_2/t_1)= \exp[-\ (t_2-t_1)\cdot\lambda].$$

Для нахождения условной вероятности безотказной работы используются таблицы показательной функции, приводимые во многих учебниках по математике.

Функция надежности системы, состоящей из многих элементов, в предположении их независимости находится в виде произведения функций надежности каждого элемента:

$$P(t)= \prod_{j=1}^{N} P_j\ (t),$$

где: N – количество элементов в системе, отказ которых может привести к отказу всей системы в целом.

Таким образом, надежность элемента или системы (в основном технической) считается определенной, если известна одна из трех характеристик времени безотказной работы (времени до первого отказа): функция надежности p(t); плотность вероятности времени безотказной работы $f(t)= -dp(t)\ /\ dt$; интенсивность выхода из строя $\lambda(t)=f(t)\ /\ p(t)$.

Предсказание, прогноз надежности состоит в вычислении одной из этих характеристик, обычно той, которая более доступна для измерения, наблюдения.

Для измерения надежности восстанавливаемых систем (как технологическое производства и др.), которые после появления отказа восстанавливаются и затем вновь продолжают эксплуатироваться, используется интенсивность потока отказов (интенсивность восстановления работы системы).

Для ТП и других систем ответственного назначения, когда отказ системы на определенном интервале времени недопустим, поскольку приводит к огромным потерям, опасности (экологической, радиационной и т.п.), часто требуется оценить отклонения фактических значений параметров элементов или выходных параметров системы от расчетных (номинальных) и на этой основе обеспечивать (путем управления) требуемое качество функционирования системы в целом при наличии таких отклонений.

Эти отклонения относятся к, так называемым, «параметрическим отклонениям» или «параметрическим возмущениям». В таких случаях надежность определяется как свойство системы сохранять во времени в установленных пределах значения тех параметров, $\overline{a}$(t), которые характеризуют способность системы выполнять требуемые функции в заданных режимах и условиях применения. При этом вероятность безотказной работы системы находится как вероятность нахождения вектора параметров $\overline{a}$(t) в некоторой заданной области D_* в течении требуемого периода времени (эксплуатации) –

$$\underset{t \geq T}{\text{Вер}\left[\ \overline{a} \in D\ \right]} = P(\overline{a} \in D,\ t \geq T).$$

Для приведенной выше совокупности показателей базовых свойств ТП изготовления продуктов, оказания услуг необходимо отметить и указать на сложность и условность нахождения базовых значений показателей, с которыми следует осуществлять сравнение для целей оценки достигнутого уровня свойств, качества ТП.

Здесь, по нашему мнению, будет целесообразным использовать процедуры рейтинговой оценки совокупности показателей базовых свойств с учетом значимости (веса) каждого отдельного свойства.

Таким образом, мы определили шесть базовых свойств технологического процесса производства продуктов, оказания услуг и два важных производных от них свойства (продуктивность использования ресурсов и надежность ТП).

Для достижения каждого из шести базовых свойств ТП должна быть определена и исполнена соответствующая базовая функция из перечня:

Обеспечить оптимальность ТП.

Обеспечить совместимость элементов ТП.

Обеспечить гибкость ТП.

Обеспечить возможность контроля качества производимых продуктов и оказываемых услуг.

Обеспечить устойчивость функционирования ТП к изменениям факторов внутренней среды ПС.

Обеспечить низкую чувствительность ТП к изменениям параметров ТП.

Кроме этих функций для целей наблюдения и управления должны использоваться дополнительные, важные функции:

Обеспечить наблюдение за состоянием исполнения совокупности шести базовых функций ТП;

Обеспечить оценку степени исполнения (качества функционирования) шести базовых функций ТП.

Каждая из шести базовых функций ТП считается выполненной, когда достигнут результат: показатели соответствующего базового свойства ТП достигают величин, определяемых требованиями ГОСТ, фирмы, потребителей (рынка).

Уровень выполнения каждой базовой функции ТП (качество их функционирования) определяется степенью достижения требуемых значений для показателей соответствующего свойства ТП.

Каждая из базовых функций ТП реализуется в процессе исполнения определенной совокупности (множества) внутренних функций.

Для выполнения функции(ий) необходима определенная структура (совокупность элементов с заданным содержанием и связи между ними), именно в которой происходит взаимодействие множества внутренних функций, составляющих функцию вышестоящего уровня (порядка), и происходят процессы, от которых зависит степень исполнения функции вышестоящего уровня.

Однако, 100% исполнение совокупности внутренних функций для некоторой базовой функции еще не гарантирует достижение показателями соответствующего базового свойства своих требуемых значений. Гарантия будет только тогда, когда содержание базовой функции, методы и способы ее выполнения, структура, влияние от связанных с ней других базовых функций, будут адекватны рассматриваемому базовому свойству и требованиям к нему.

Иными словами, когда функционально-структурная организация, обеспечивающая данное базовое свойство, совершенна в степени, достаточной для достижения адекватности базовому свойству и требованиям к нему.

Вышеприведенные шесть базовых функций ТП реализуются в составе элемента ТП, определяемого как «Организация» ТП, а точнее, как функционально-структурная организация (ФСО) ТП.

Используя вышесказанное, ниже приводится функциональная модель для главной функции №1 ПС, заключающейся в обеспечении создания продуктов, оказания услуг с требуемыми свойствами

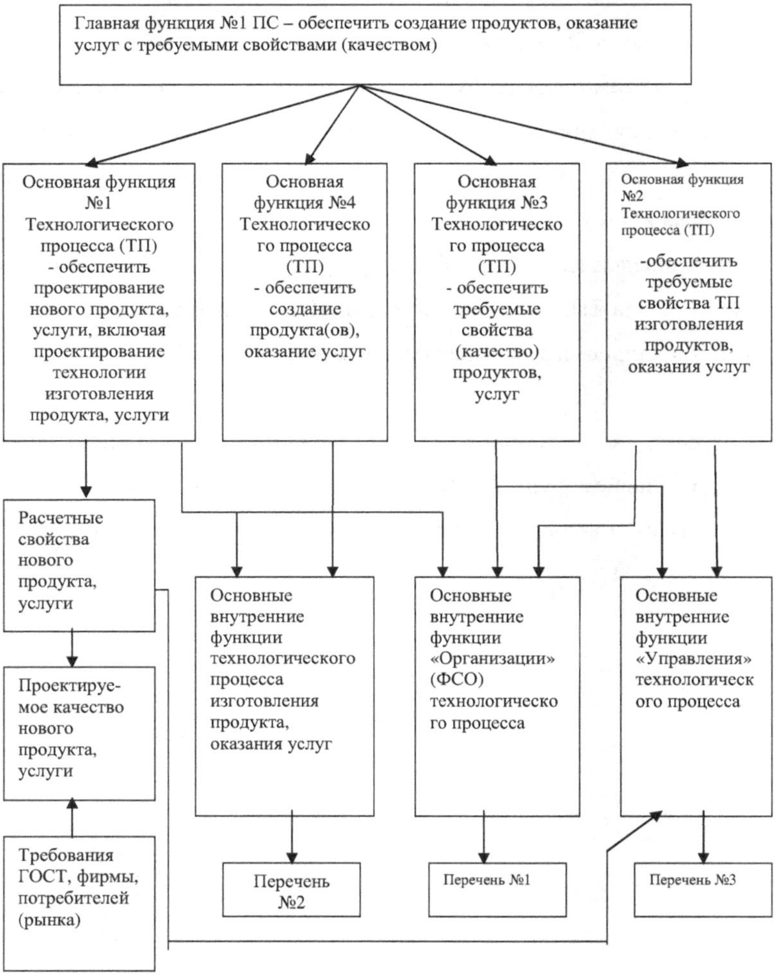

Рис. 3.1.-1. Функциональная модель для главной функции №1 ПС.

(качеством), и функциональные модели для ее основных агрегированных составляющих.

Основные внутренние функции обеспечивающие достижение базовых свойств ТП изготовления продуктов и оказания услуг.

Перечень №1

Основные внутренние функции «Организации» (ФСО) технологического процесса (изготовления продуктов).

Обеспечить:

1-ФСО ТП. Распределение внутренних функций и выделение (вычленение) элементов ТП.

2-ФСО ТП. Оптимальное распределение пропускной способности(ей) по элементам ТП или продуктивности использования входного ресурса, промежуточного продукта для каждого элемента ТП.

3-ФСО ТП. Оптимальное распределение последовательности выполнения всей совокупности работ (операций) по элементам ТП.

4-ФСО ТП. Оптимальное размещение элементов ТП.

5-ФСО ТП. Оптимальное распределение производственных мощностей по элементам ТП.

6-ФСО ТП. Оптимальное распределение режимов загрузки имеющихся мощностей по элементам ТП.

7-ФСО ТП. Оптимизацию перемещения и передачи (в т.ч. средствами связи) ресурсов (материальных и информационных), компонент и продуктов.

8-ФСО ТП. Обеспечить возможность контроля качества, в т.ч. пооперационный, изготавливаемого продукта, оказываемой услуги.

9-ФСО ТП. Обеспечить гибкость ТП.

10-ФСО ТП. Обеспечить совместимость (и согласование) элементов ТП.

11-ФСО ТП. Обеспечить низкую чувствительность технологического процесса к изменениям параметров ТП.

12-ФСО ТП. Обеспечить устойчивость функционирования технологического процесса к изменениям факторов внутренней среды ПС.

13-ФСО ТП. Обеспечить наблюдение за состоянием исполнения совокупности внутренних функций под №№ (1-ФСО ТП) ÷ (12-ФСО ТП).

14-ФСО ТП. Обеспечить оценку степени исполнения (качества функционирования) совокупности базовых функций ТП.

Перечень № 2.

Основные внутренние функции технологического процесса изготовления продуктов(та).

1-ТП. Изготовление, разработка компонент, составляющих продукт(ты), услуги, в т.ч. элементов (объектов) знаний и информационных продуктов.

2-ТП. Перемещение и передача материальных и информационных ресурсов, элементов знаний, компонент продукта(ов) и самих продуктов, услуг.

3-ТП. Синтез, сборка, монтаж, комплектация продукта или услуги.

Перечень №3.

Основные внутренние функции «Управления» технологическим процессом (изготовления продуктов).

Функции оперативного управления ТП.

1-ОУ ТП. Управление процессом изготовления компонент продуктов, оказания услуг.

2-ОУ ТП. Управление процессом перемещения и передачи ресурсов, компонент, продуктов, услуг.

3-ОУ ТП. Управление процессом синтеза, сборки, монтажа продуктов, услуг.

4-ОУ ТП. Управление процессом контроля качества изготавливаемых продуктов, оказываемых услуг.

Функции управления состоянием исполнения внутренних функций «Организации» (ФСО) ТП.

1-УФСО ТП. ÷ 12-УФСО ТП. Данные функции выполняются на долгосрочном периоде, объектом управления для каждой из них являются соответствующие внутренние функции ФСО ТП.

Раздел 3.2. Базовые свойства «организации» производственной системы.

3.2.1. Эффективность использования ресурсов.

Под производством в экономической теории понимается преобразование некоторого количества затрачиваемых ресурсов в некоторое количество выпускаемых продуктов (товаров, услуг) в соответствии с заданной технологией. Экономистов при этом интересуют количественные соотношения между затратами и выпусками продукта(ов), которые обусловлены этой технологией. Выпуск продукции обеспечивается за счет производственного потребления ресурсов.

В соответствии с этим для экономистов наиболее существенным является характер взаимосвязи между количествами выпускаемых продуктов и количеством затрачиваемых ресурсов. Так, например, оценка эффективности какого-либо способа производства, с чисто экономической точки зрения, всецело определяется количественными соотношениями между затратами ресурсов и выпуском продукта.

В современной математической экономике каждый конкретный способ функционирования производства принято представлять парой $(\overline{X},\overline{Y})$, состоящей из вектора затрат $\overline{X}$ и вектора выпусков $\overline{Y}$, такая пара называется производственным процессом (ПП). При этом подразумевается, что число различных видов ресурсов равно размерности вектора $\overline{X}$, а каждая компонента этого вектора представляет собой количество одного из видов ресурсов.

Аналогично, число различных типов продуктов, которые могут выпускаться в производстве, равно размерности вектора $\overline{Y}$, а каждая компонента $\overline{Y}$ представляет собой количество одного из продуктов.

В общем случае заданная производственная технология позволяет реализовать множество различных процессов $(\overline{X},\overline{Y})$. Поэтому с экономической точки зрения производственная технология полностью описывается перечислением всех тех ПП, которые она допускает. В связи с этим вводится понятие производственно-технологического множества (ПТМ). Это ПТМ, обозначим его через Тт, определяется как множество всех ПП, возможных при данной технологии.

Как известно, издержки производства продукта зависят от цен на ресурсы и от технологии, т.е. от количества ресурсов, необходимых для производства продукта по имеющейся технологии.

Если мы зададим вопрос: как будет изменяться объем производства, если увеличивать дополнительное количество переменных ресурсов при фиксированных постоянных ресурсах, то ответ на него в общем виде дает закон убывающей отдачи или закон убывающего предельного продукта. Он утверждает, что, начиная с определенного момента времени последовательное присоединение единиц переменного ресурса (например, труда) к неизменному фиксированному ресурсу (например, капиталу или земле) дает уменьшающийся добавочный или предельный продукт в расчете на каждую последующею единицу переменного ресурса.

Этот закон можно проиллюстрировать рисунком .

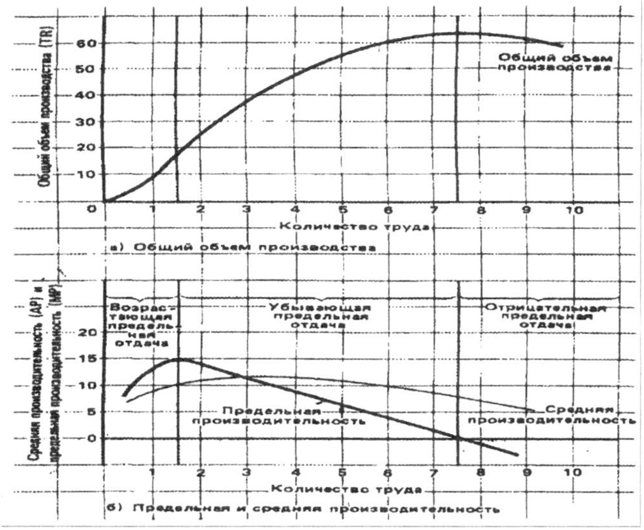

По мере присоединения все большего количества переменного ресурса (труда) к неизменному количеству постоянных ресурсов (земли или капитала) получаемый в результате объем производства будет сначала возрастать убывающими темпами, затем достигнет своего максимума и начнет уменьшаться, как показано на рисунке а). Предельная производительность на рисунке б) показывает величину изменения общего объема производства, связанного с присоединением каждой добавочной единицы труда. Средняя производительность это просто объем производства продукции в расчете на одного рабочего. Обратите внимание на то, что кривая предельной производительности пересекает кривую средней производительности в точке максимального значения последней.

В производственной системе непрерывно в течении рассматриваемого периода (месяц, квартал, год ,…) происходят процессы последовательного преобразования начального (исходного на начало периода) капитала в активы (внеоборотные и оборотные), которые затем преобразуются в выручку от продаж продуктов (продукции) производства, трансформирующуюся, в свою очередь, в добавочный капитал, и далее цикл повторяется с новым состоянием капитала.

Эти процессы включают в себя также процесс преобразования ресурсов в продукты, который можно описать с помощью производственной функции: $y = f(\bar{x})$, где: y – объем продуктов в натуральных единицах, $\bar{x}$ – m – мерный вектор ресурсов, показывающий объемы каждого ресурса, выраженные также в натуральных единицах. Характерный вид производственной функции (ПФ) был показан выше.

Совокупность циклических процессов, происходящих непрерывно в производственной системе значительно усложняет процедуры их анализа, а также введение и использование понятий эффективности использования ресурсов (кратко обозначим через ЭИР), активов (ЭИА) и капитала (ЭИК) и их соответствующих количественных показателей. В связи с этим ниже мы введем ряд понятий, определений для эффективности использования ресурсов, а в следующем разделе – для эффективности использования активов и капитала.

Эффект (результат) от использования ресурса(ов) на основе производственной функции можно определить как объем продукта(ов) в натуральных единицах произведенного с использованием данного объема (в натуральных единицах) ресурса(ов).

Эффект можно также выразить в денежной форме в виде выручки от продажи объема продукта(ов), созданного с использованием данного объема ресурса(ов). Эффект также может быть выражен в виде прибыли (разность между выручкой и издержками), полученной при использовании заданного объема ресурсов.

На этой основе введем понятие «Эффективность использования ресурсов (ЭИП)».

Базовое свойство «ЭИР» представляет собой свойство процесса преобразования ресурсов в продукты, представляющее собой возможность (способность) некоторого (заданного) объема совокупности ресурсов создавать (производить) определенный объем продукта(ов) с применением имеющейся технологии производства, организации и управления ею.

Подчеркнем, что речь идет именно об объемах (продукта и ресурсаа).

Если посмотреть на вид производственной функции , то можно отметить, что возможности одного и того же объема ресурсов по производству объема продукта будут различными в зависимости от того, относительно какой точки отсчета берется данный объем ресурса: относительно начала координат, либо – какой-либо иной точки.

Эффективность использования ресурсов можно определять как отношение эффекта к использованному (истраченному) объему совокупности ресурсов. В этом случае в качестве меры ЭИР могут быть использованы:

Отношение объема продукта(ов) (в натуральных единицах) к объему совокупности ресурсов (в натуральных единицах);

Отношение выручки (в денежных единицах) к издержкам (в денежных единицах);

Отношение валовой или чистой прибыли (в денежных единицах) к издержкам (в денежных единицах).

Подчеркнем, что здесь имеются в виду объемы ресурсов и издержки с одной стороны, и соответствующие им объемы продукта(ов), выручка, прибыль, с другой стороны.

Эффективность использования ресурсов - свойство интегральное по отношению к совокупности ресурсов, оно, как свойство, не зависит от предыдущего использованного объема ресурсов и продукта(ов).

Эффективность использования ресурсов зависит (определяется, как причинами) от следующих основных факторов:

Характеристики поведения функции – предельная продуктивность использования ресурсов на рассматриваемом интервале изменения объемов ресурса(ов) и продукта(ов);

Соотношение между отношениями цены продукта к цене ресурса для каждого ресурса (Cy / Cxi);

Соотношение между ресурсами для отношения цены ресурса к его предельной продуктивности использования $C_{xi} / \frac{\Delta y}{\Delta x_i}$.

Поэтому для повышения эффективности использования ресурсов можно применять ряд методов, основанных на принципе выравнивания отношения цены ресурса к его предельной продуктивности для всех ресурсов одновременно. Причем выравнивание это осуществляется относительно величин предельных совокупных издержек. К таковым методам следует отнести следующие :

Минимизации совокупных издержек за счет выбора распределения ресурсов;

Максимизация прибыли путем выбора величины объема продукта;

Максимизация совокупного объема многопродуктового производства путем выбора (расчета) объема и структуры ресурсов и продуктов одновременно.

Для наглядности связь между эффективностью использования ресурсов и предельной продуктивностью использования ресурсов (ППИР) покажем для случая одного ресурса и одного продукта. Такой случай имеет место, когда продукт – знания, информация, а ресурс – знания, информация, ноу-хау. Такая ситуация наиболее часто встречается в «новой» экономике, в сфере высоких, информационных технологий. Здесь зависимость между ЭИР и ППИР будет иметь вид:

мера $$ЭИР \equiv \frac{C_y}{C_x} \cdot ППИР \qquad (3.2\text{-}1)$$

или

мера $$ЭИР \equiv \frac{C_y}{C_x} \cdot \frac{\Delta У}{\Delta X}$$

В общем случае более точной будет зависимость:

$$ЭИР \equiv \frac{C_y}{C_x} \cdot \varphi\left[\frac{\Delta У}{\Delta X}\right] \tag{3.2-2}$$

где: φ(·) – нелинейная функция, рассматриваемая на заданном интервале изменения объемов ресурса.

Если посмотреть на (3.2-1), то можно отметить, что мера ЭИР линейно зависит от ППИР с коэффициентом пропорциональности равным отношению цен продукта и ресурса (C_y / C_x). В общем случае, такая зависимость будет нелинейной (3.2-2). Это означает, что мера ЭИР (и ЭИР) определяется одновременно характеристиками поведения функции и предельной продуктивности использования ресурса на заданном интервале изменения ресурса и соотношением цен продукта и ресурса (C_y / C_x), т.е. двумя факторами.

Для случая нескольких используемых ресурсов такой простой и наглядной зависимости, как (3.2-1), (3.2-2), получить не удастся. Однако важным в этом случае является тот факт, что добавляется еще один существенный фактор, влияющий на эффективность использования совокупности ресурсов и меру ЭИР. Этим фактором является соотношение между ресурсами для величины отношения цены ресурса к его предельной продуктивности использования. Наличие третьего важного фактора усложняет и значительно возможность формирования оценки для меры эффективности использования совокупности ресурсов даже для случая одного продукта.

Поэтому в настоящее время в качестве меры эффективности использования ресурсов применяются различные показатели, которые косвенно, подчеркнем косвенно и весьма приближенно, оценивают ЭИР, а точнее – не ЭИР, а разного рода приближения к ЭИР.

В качестве такой весьма грубой и недостаточно адекватной оценки ЭИР можно назвать часто применяемый коэффициент рентабельности продаж продуктов в виде:

$$P_{пп} = \frac{БП}{B} \quad , \qquad (3.2\text{-}3)$$

где: В – выручка от продажи продуктов;

БП – валовая (балансовая) прибыль.

Рентабельность продаж в виде (3.2-3) корректно нельзя отнести к мере эффективности, во-первых, потому что в соответствии с вышеприведенными определениями для меры эффективности использования ресурсов в знаменателе должны быть затраты (издержки), а в числителе – эффект (от затрат), а в (3.2-3) мы наблюдаем эффект и в числителе, и в знаменателе.

В качестве показателей, количественно оценивающих базовое свойство «Эффективность использования ресурсов», можно предложить следующие:

1. Коэффициент эффективности использования ресурсов по показателю – совокупные издержки:

$$K^{И}_{ЭИР} = \frac{TC(\bar{x})}{\min\limits_{\bar{x}} TC(\bar{x})} \Bigg| \, \text{y}_j, \quad j=\overline{1,N} \qquad (3.2\text{-}4)$$

Базовое значение $К^{и}_{ЭИР} = 1$.

2. Коэффициент эффективности использования ресурсов по показателю – валовая прибыль:

$$K^{П}_{ЭИР} = \frac{БП(\bar{y})}{\max\limits_{\bar{y}} БП(\bar{y})} \qquad (3.2\text{-}5)$$

Базовое значение $К^{П}_{ЭИР} = 1$.

3. Коэффициент эффективности использования ресурсов по показателю – совокупный объем производства продуктов:

$$K^{О}_{ЭИР} = \frac{Q}{Q_{\max}} \qquad (3.2\text{-}6)$$

при ограничениях: $\bar{x} \in \bar{x}_{допуст.}$

базовое значение $К^{О}_{ЭИР} = 1$.

Выше были приняты следующие обозначения:

$TC(\bar{x})$ – совокупные издержки производства;

min $TC(\bar{x})$ – минимальное значение $TC(\bar{x})$ вычисляемое путем поиска соответствующего распределения ресурсов $(\bar{x})$;

y_j, $j=\overline{1,N}$, – величина объема продукта на j-м шаге (этапе) производства;

N – количество шагов (этапов) производства продуктов в пределах от

y=0 до $y=y_{max}$;

БП ($\bar{y}$) – валовая прибыль;

maxБП$(\bar{y})$ – максимальное значение валовой прибыли, достигаемое при

$y=y_{max}$;

Q – совокупный объем продуктов при многопродуктовом производстве;

Q_{max} – максимальный совокупный объем продуктов, определяемый в процессе оптимизации, при выполнении ограничений на объемы используемых ресурсов.

Далее дадим некоторые пояснения. Мы полагаем, что для повышения ЭИР будут применяться три вышеуказанные метода (по отдельности или одновременно): минимизация совокупных издержек, максимизация прибыли, максимизация совокупного объема продуктов многопродуктового производства. В результате могут быть найдены величины: $\min TC(\bar{x})$; $\max БП(\bar{y})$; Q_{max} при соответствующих

$\bar{x}$ $\bar{y}$

ограничениях на объемы ресурсов. Из данных бухгалтерского учета на фирме нетрудно также найти текущие значения для совокупных издержек, валовой прибыли, совокупных объемов произведенных продуктов. А отсюда можно вычислять по (3.2-4), (3.2-5) значения коэффициентов $К^{И}_{ЭИР}$, $К^{П}_{ЭИР}$.

При этом следует учитывать, что находимые величины минимума $TC(\bar{x})$, максимума $БП(\bar{y})$ представляют собой локальные минимумы и максимумы. А поэтому их значения могут и в дальнейшем улучшаться (расчетным путем).

Таким образом, принципиальных трудностей для вычисления коэффициентов $К^{И}_{ЭИР}$ и $К^{П}_{ЭИР}$ не имеется.

Вычисление (нахождение) коэффициента $К^{О}_{ЭИР}$ намного сложнее, требует значительной квалификации и подготовительной работы, хотя принципиально его вычисление в виде (3.2-6) так же возможно.

Если цены на продукты и ресурсы в течении некоторого периода времени остаются неизменными, то тогда основным фактором, от которого существенно зависит эффективность использования ресурсов, является совокупность предельных продуктивностей использования ресурсов, определенных на заданных интервалах изменения рассматриваемого множества ресурсов.

В этом случае более обоснованным становится применение с целью повышения эффективности ЭИР методов, основанных на выборе распределения ресурсов и продуктов из условий минимизации совокупных издержек, максимизации прибыли, максимизации совокупных объемов многопродуктового производства продуктов при ограничениях на объемы ресурсов.

Более обоснованным также становится и применение в качестве показателей базового свойства «Эффективность использования ресурсов» – коэффициентов $К^{И}_{ЭИР}$, $К^{П}_{ЭИР}$, $К^{О}_{ЭИР}$.

В случае значительных изменений цен на продукты и/или ресурсов на периоде применение коэффициентов $К^{И}_{ЭИР}$, $К^{П}_{ЭИР}$, $К^{О}_{ЭИР}$ станет затруднительным по причине необходимости в частых перерасчетах оптимальных распределений ресурсов и продуктов. В таких ситуациях нестабильности конъюнктурных показателей можно использовать в качестве условного показателя эффективности использования ресурсов коэффициент рентабельности продаж, который более правильно следует оценивать в виде коэффициента рентабельности издержек

$$R^*_{пп} = БП / ТС \qquad (3.2\text{-}7),$$

т.е. как отношение валовой прибыли к совокупным издержкам.

Дополнительно к показателю $R^*_{пп}$ для более достоверной оценки свойства «ЭИР» необходимо применять показатели предельной продуктивности использования ресурсов, определяемые для совокупности ресурсов на заданном интервале их изменения. Подробней об этих показателях говорилось выше.

После определения понятия базового свойства «Эффективность использования ресурсов» и его возможных показателей можно переходить к понятию базовой функции «Обеспечить эффективность использования ресурсов» (для краткости обозначим – БФ «Обеспечить ЭИР»).

БФ «Обеспечить ЭИР» выполняется следующим способом:

- путем распределения ресурсов и продуктов из условий минимизации совокупных издержек, максимизации прибыли по каждому продукту, максимизации совокупного объема продуктов многопродуктового производства при ограничениях на объемы ресурсов, при имеющихся (заданных) функционально-структурной организации технологического процесса (ФСО ТП), элементах технологического процесса и управления им, которые, в свою очередь, совместно определяют поведение, характеристики производственной функции (ПФ : $y = f\,(\bar{x})$).

Базовая функция «Обеспечить ЭИР» считается выполненной, если достигнут результат: используемые показатели БСВ «ЭИР» достигают требуемых значений.

Уровень выполнения базовой функции «Обеспечить ЭИР» определяется степенью достижения требуемых значений для принятых показателей БСВ «ЭИР».

Если после выполнения с надлежащим качеством базовой функции «Обеспечить ЭИР» не достигаются требуемые значения показателей БСВ «ЭИР», это означает, что необходимо совершенствование ФСО ТП, элементов ТП, системы управления ТП в целом или по отдельности.

Базовая функция «Обеспечить ЭИР» реализуется в процессе исполнения совокупности внутренних функций, основные из которых выполняют соответствующие алгоритмы, представляющие собой формализованные оптимизационные процедуры расчета параметров распределения ресурсов и продуктов ПС, а вспомогательные функции – выполняют все другие, необходимые и связанные с основными функциями, процедуры, операции и действия.

Перечень (множество) внутренних функций, обеспечивающих выполнение базовой функции «Обеспечить эффективность использования ресурсов».

I. Основные внутренние функции.

1-0. Обеспечить разработку вычислительных алгоритмов для решения задач параметрической оптимизации в рамках задач минимизации совокупных издержек, максимизации прибыли, максимизации совокупного объема многопродуктового производства при соответствующих ограничениях.

2-0. Обеспечить выполнение расчетов по распределению ресурсов и продуктов, $\{\overline{X}_j, \overline{Y}_j, \overline{T}\}, \quad {}_{j=\overline{1,N}}$ в т.ч. в режиме реального времени, на основе вычислительных алгоритмов параметрической оптимизации (см. функцию 1-0).

3-0. Обеспечить выдачу заданий в элементы технологического процесса, ФСО ТП для установки технологических режимов.

4-0. Обеспечить наблюдение (измерение, оценка, контроль) за состоянием используемых ресурсов и производимых продуктов в динамике на каждом j-м шагу (этапе) производства продуктов от $y^к = 0$ до $y^к = y^к_{max}$.

5-0. Обеспечить наблюдение за состоянием факторов внутренней и внешней среды.

6-0. Обеспечить наблюдение за состоянием исполнения совокупности внутренних функций в составе базовой функции «Обеспечить ЭИР».

7-0. Обеспечить оценку результата функционирования базовой функции «Обеспечить ЭИР» путем оценки состояния исполнения совокупности внутренних функций и показателей качества функционирования базовой функции .

II. Вспомогательные внутренние функции.

1-В. Обеспечить сбор необходимой информации.

2-В. Обеспечить хранение, защиту и сохранность информации.

3-В. Обеспечить отображение информации и его своевременность.

4-В. Обеспечить необходимые прием/передачи и
обмены информацией.

5-В. Обеспечить выдачу заданий (для исполнения) в части требуемых значений показателей базового свойства «ЭИР».

6-В. Обеспечить сравнительную оценку заданных и текущих значений показателей и характеристик.

Раздел 3.2.2. Эффективность использования активов, капитала и платежеспособность.

Эффективность использования активов (ЭИА) производственной системы (ПС) представляет собой свойство процесса создания и использования активов ПС для образования выручки (от реализации продуктов ПС) или свойство процесса преобразования активов ПС в выручку. Свойство ЭИА представляет собой возможность (способность) некоторого объема активов (в материальной и денежной форме) использоваться для образования (получения, создания) требуемого определенного объема выручки.

Мерой эффективности использования активов может служить отношение эффекта к затратам, объему используемых для производства продуктов активов: $\frac{B}{A} \equiv \frac{B}{a_{Вн.А} + a_{ОА}^{Нач}} \equiv КТР$,

(3.2-8)

где: В – объем выручки от продаж продуктов в денежных единицах;

А – объем активов (материальных, нематериальных, финансовых) в денежных единицах;

$а_{ВнА}$ – объем внеоборотных активов в денежных единицах;

$a_{ОА}^{Нач}$ - объем оборотных активов на начало рассматриваемого периода в денежном выражении;

КТР – коэффициент трансформации активов в выручку от реализации продуктов ПС (в отечественной литературе его чаще называют как коэффициент (показатель) оборачиваемости активов).

Таким образом в качестве меры эффективности использования активов ПС и показателя ЭИА должен и может применяться коэффициент трансформации КТР активов в выручку.

Применение в качестве меры эффективности использования активов показателя рентабельности активов R_A в виде:

$$R_A = \frac{БП}{A} \equiv \frac{БП}{B} \cdot \frac{B}{A} \equiv R_{пп} \cdot КТР \quad , \qquad (3.2\text{-}9)$$

будет некорректным по причине некорректности, как меры эффективности использования ресурсов, показателя рентабельности продаж $R_{пп}$.

Показатель рентабельности активов в виде: $R_A = БП / A$ будет по сути показателем прибыльности, указывающим на долю, которую занимает величина валовой прибыли за период в общем объеме активов на начало периода. Косвенно R_A в виде - БП /А и только лишь частично может свидетельствовать об эффективности использования активов.

Приведем еще ряд соотношений, позволяющих глубже понять все вышесказанное относительно рентабельности активов в виде: R_A=БП /А.

Для "старой" экономики прежде всего в сфере материального производства с большими внеоборотными активами соблюдается соотношение: КТР≤1 или КТР близок (в районе) единицы. В этом случае величина рентабельности активов не сможет превысить величину рентабельности продаж продуктов ПС по той причине, что $R_{пп}<1$ (прибыль не может превысить объем выручки от продаж).

Однако, в «новой» экономике, когда ресурсы зачастую представляют собой знания, информацию, ноу-хау,…, и продукты производства, оказываемые услуги также представляют собой, имеют вид продуктов (объектов) интеллектуальной деятельности (знания, технологии, информация, ноу-хау,…), тогда рентабельность активов в виде R_A=БП /А может значительно превысить рентабельность продаж $R_{пп}$. Это произойдет и на практике такой факт часто наблюдается при КТР>>1 или когда выручка значительно превышает имеющиеся на фирме активы, т.е. В>>А, где $А \equiv а_{Вн.А}+а_{ОА}$, знак «>>» – означает значительно больше.

На фирмах, выпускающих продукты интеллектуальной деятельности, оказывающих интернет-услуги, услуги с использованием возможностей сети Интернет чаще всего внеоборотные активы небольшие, значительно меньше объемов выручки. Здесь выручка значительно превышает издержки производства (себестоимость), оказания услуг, отсюда и валовая прибыль также значительно выше совокупных издержек. Поэтому $В>>[а_{Вна}+а_{ОА}]$ и КТР>>1, а отсюда $R_А>>R_{пп}$, т.е. рентабельность активов будет значительно выше рентабельности продаж, которая всегда меньше единицы, т.е. $R_{пп}<1$.

Вышеприведенные суждения еще раз подтверждают вывод о недостаточной корректности использования рентабельности активов в виде R_A>БП /А в качестве меры эффективности использования активов.

Эффективность использования капитала (ЭИК) – это свойство процесса преобразования исходного (основного и оборотного) капитала в добавочный капитал. Свойство ЭИК представляет собой возможность (способность) некоторого (требуемого) объема капитала применяться, использоваться для создания требуемого объема добавочного капитала.

С точки зрения причинно-следственных связей, влияний между эффективностью использования ресурсов, активов и капитала свойство ЭИК находится на последнем месте. Причинным свойством, порождающим как следствие остальные из трех вышеуказанных свойств, является эффективность использования ресурсов. Первым следствием от этой причины является эффективность использования активов, следствием от которого, в свою очередь, будет эффективность использования капитала. Такая причинно-следственная связь становится ясной, если вновь обратиться к рис.4.2-1, на котором изображены процессы преобразования исходного капитала в активы, далее в выручку и затем в добавочный капитал. Процессы эти взаимонакладывающиеся, циклически повторяющиеся, пересекающиеся с основным процессом, каковым является производственный процесс, отображаемый в виде соответствующей производственной функции (ПФ) и продуктивности использования ресурсов.

Поэтому базовые свойства «Эффективность использования активов» и «Эффективность использования капитала» следует рассматривать одновременно, в их взаимосвязи и взаимовлиянии.

Такой вывод относится и к соответствующим базовым функциям: «Обеспечить эффективность использования активов» и «Обеспечить эффективность использования капитала».

По аналогии со свойством «ЭИА» в качестве меры эффективности использования капитала следует рассматривать отношение эффекта (в виде выручки от продаж) к объему использованного исходного (начального) капитала: $\frac{B}{K_{исх}} \equiv KOT$,

где: В – выручка от продаж продуктов производства;

$К_{исх}$ – исходный капитал;

КОТ – коэффициент капиталоотдачи.

Если представить величину исходного собственного капитала в виде:

$$K_{исх}^{cc} = a_{ВнА} + \beta \cdot a_{OA}^{нач} ,$$

где: β - коэффициент покрытия оборотных активов за счет собственного капитала, то коэффициент капиталоотдачи КОТ можно изобразить как: $KOT = \frac{B}{a_{ВнА} + \beta \cdot a_{OA}^{нач}}$,

Именно в таком виде мы и будем применять меру эффективности использования капитала или показатель базового свойства ЭИК.

Применение в качестве меры эффективности использования капитала показателя рентабельности собственного капитала в виде:

$$R_{cc} = ЧП / К_{cc} ,$$

где: ЧП – чистая прибыль;

$К_{cc}$ – исходный собственный капитал, инвестированный в затраты, допускается (корректно).

Однако представление R_{cc} в виде:

$$R_{cc} = \frac{ЧП}{В} \cdot \frac{В}{К_{cc}} \equiv R^1_{пп} \cdot КОТ \ ,$$

будет некорректным с точки зрения определения понятия «эффективность использования капитала».

Требования к уровню (степени) эффективности использования активов формируются в результате адекватного отображения требований к уровню эффективности использования капитала, которые, в свою очередь, исходят от инвесторов (исходного капитала) и акционеров ПС.

Взаимосвязанные базовые функции «Обеспечить ЭИА» и «Обеспечить ЭИК» могут быть исполнены путем (за счет): увеличения объемов выручки от реализации продуктов, рационализации объемов внеоборотных и оборотных активов, достижения требующихся структур (соотношения) для выручки и для производственных активов, а также, дополнительно, за счет рационализации объемов займов, с обязательным выполнением ряда ограничительных требований, обусловленных требованиями к эффективности использования капитала.

Функции «Обеспечить ЭИА» и «Обеспечить ЭИК» считаются выполненными, когда достигнут результат: показатели КТР и КОТ свойств ЭИА и ЭИК достигают величин, определяемых требованиями в виде их максимального или заданного значения, при соблюдении ряда ограничений.

Уровень выполнения функций «Обеспечить ЭИА» и «Обеспечить ЭИК» (качество их функционирования) определяется степенью достижения требуемых значений для показателей КТР и КОТ базовых свойств ЭИА и ЭИК соответственно.

Базовые функции «Обеспечить ЭИА» и «Обеспечить ЭИК» реализуются в процессе исполнения определенной совокупности (множества) внутренних функций, из которых основные функции выполняют соответствующие алгоритмы, представляющие собой частично формализованные процедуры расчета требуемых объемов выручки от продажи продуктов, размеров внеоборотных и оборотных активов, размеров займов (краткосрочных) при обеспечении (соблюдении) ряда ограничений на структуру (элементы) выручки и производственных активов, а также на величину займа.

А вспомогательные функции выполняют все иные, необходимые и связанные с основными функциями, процедуры и действия.

На этой основе образуется (формируется) внутренняя структура (состав элементов и связи между ними), в которой реализуются две базовые функции: «Обеспечить ЭИА» и «Обеспечить ЭИК».

В процессе исполнения совокупности внутренних функций, реализующих две базовые функции, используются два основных оптимизационных алгоритма (процедуры).

Первая основная внутренняя функция обеспечивает реализацию следующего алгоритма (решает задачу):

- рассчитать, найти требуемые величины объема выручки от продажи продуктов и размеров внеоборотных и оборотных активов из условия максимизации коэффициента трансформации активов в выручку и при выполнении ряда ограничений на величины чистой прибыли, амортизации, и иных отчислений, начального оборотного капитала и количество его оборотов на рассматриваемом периоде.

Наряду с условием максимизации можно использовать условие, чтобы коэффициент трансформации активов в выручку был не меньше заданного значения.

В компактном виде алгоритм максимизации или достижения требуемого значения коэффициента трансформации КТР можно записать следующим образом:

- найти объемы и структуру выручки «В» и активов ($a_{ВнА}$, $a_{ОА}^{нач}$) из

условия: $$\max KTP \equiv \max\left[\frac{B}{a_{Вн} + a_{OA}^{нач}}\right]$$

или $КТР \geq КТР^{зад}$

при ограничениях:

$$\left.\begin{array}{l} ЧП_{окуп} \leq ЧП \leq ЧП_{max} \\ АС_{окуп} \leq АО \leq АО_{max} \\ К_{нач}^{min} \leq К_{нач} \leq К_{нач}^{max} \end{array}\right\}$$

$$N_{об} \geq N_{min} \quad ,$$

где: ЧП – чистая прибыль от продаж продуктов на заданном периоде

(год, …);

АО – амортизационные отчисления на заданном периоде;

$К_{нач}$ – начальный оборотный капитал;

$N_{об}$ – количество оборотов начального оборотного капитала на заданном периоде;

$ЧП_{max}$ – максимальное значение чистой прибыли, определяемое

при реализации базовой функции «Обеспечить эффективное использование ресурсов»;

$ЧП_{окуп}$ – значение чистой прибыли, определяемое из условия обеспечения стоимости инвестиций в основной и оборотный капитал;

$АО_{окуп}$ – величина амортизационных отчислений, определяемая из

условия окупаемости инвестиций в основной капитал;

$АО_{max}$ – максимально-допустимое значение при ускоренной амортизации;

$К_{нач}^{min}$; $К_{нач}^{max}$ – минимальное и максимальное значения для начального оборотного капитала;

N_{min} – минимальное значение для количеств оборотов начального

оборотного капитала на заданном периоде.

Вторая основная внутренняя функция обеспечивает реализацию следующего алгоритма (решает задачу):

- рассчитать, найти требуемые величины объема и структуры выручки от продаж продуктов, размеров внеоборотных и оборотных активов и объема займов из условия максимизации коэффициента капиталоотдачи при выполнении ряда ограничений на величины чистой прибыли от продаж продуктов, амортизационных отчислений, начального оборотного капитала и количества его оборотов на рассматриваемом периоде, а также на объем заемных средств.

Наряду с условием максимизации можно использовать условие, чтобы коэффициент капиталоотдачи был не меньше заданного значения.

В компактном виде данный алгоритм записывается следующим образом:

найти: В, $a_{ВнА}$, $a_{ОА}$, β из условия:

$$\max KOT \equiv \max\left[\frac{B}{a_{Вн} + \beta \cdot a_{OA}^{нач}}\right]$$

или $КОТ \geq КОТ^{зад}$

при ограничениях:

$$\left.\begin{array}{c} ЧП_{окуп} \leq ЧП \leq ЧП_{max} \\ АО_{окуп} \leq АО \leq АО_{max} \\ К_{нач}^{min} \leq К_{нач} \leq К_{нач}^{max} \end{array}\right\}$$

$$N_{об} \geq N_{min}$$

$$0{,}5 \leq \beta < 1$$

Обозначения здесь аналогичные вышеприведенным.

Если сравнить две вышеприведенные задачи оптимизации, то нетрудно заметить, что они отличаются только присутствием во 2-й задаче переменной β (коэффициент покрытия оборотных активов за счет собственного капитала) и дополнительного ограничения на нее.

В случае, когда собственных средств ПС достаточно для инвестиций в оборотные активы на 100% от требуемых, переменная $\beta \equiv 1$ и 2-я задача становится идентичной первой, т.е. две задачи оптимизации вырождаются в одну задачу. Это еще раз подтверждает причинно-следственную связь и влияние базовых свойств ЭИА и ЭИК, из которых ЭИК является вторичным, зависимым от ЭИА свойством.

Поясним далее, как сформировалось это ограничение. Если $\beta \neq 1$, то это означает, что собственных средств недостаточно для полного покрытия требующихся оборотных активов и необходимо прибегнуть к займам. Краткосрочные заимствования при этом можно представить в виде: $\pi_{ко} = a_{ВнА} + \beta \cdot a_{OA}^{нач}$. Отсюда нетрудно найти для коэффициентов текущей ликвидности и обеспеченности собственными средствами следующие выражения их функциональной зависимости от β:

$$K_{ТЛ} = \frac{1}{1-\beta} \; ; \qquad K_{ОСС} = \beta \; ;$$

Теперь посмотрим, что получается со значениями этих двух коэффициентов при изменении величины покрытия β.

При $\beta=1$ будем иметь: $K_{исх}^{сс} = a_{ВнА} + a_{OA}^{нач}$; $\pi_{ко} = 0$,

$К_{осс} = 1$ $К_{тл} = \infty$.

Напомним, что нормативные значения для коэффициентов $К_{осс}$ и $К_{тл}$ следующие: $К_{осс} \geq 0{,}1$ $К_{тл} \geq 2$.

Данный случай означает, что ПС имеет высокую степень платежеспособности, хотя рентабельность собственных средств будет ниже, чем при наличии займов.

При β=0 будет:

$$K_{исх}^{cc} = a_{ВнА} \quad ; \quad \pi_{ко}=a_{ОА}^{нач}$$

$$K_{осс}=0 \quad , \quad K_{тл}=1.$$

Здесь мы имеем случай полной неплатежеспособности ПС.

При β=0,5 имеем:

$$K_{исх}^{cc}=a_{ВнА}-0{,}5\cdot a_{ОА}^{нач} \quad ; \quad \pi_{ко}=0{,}5\cdot a_{ОА}^{нач}$$

$$K_{осс}=0{,}5 \qquad K_{тл}=2.$$

Здесь нормативы платежеспособности ПС соблюдены, хотя для $K_{тл}$ желательно иметь значения, строго больше величины 2.

На основе приведенного упрощенного анализа можно сделать вывод, что допустимыми значениями для коэффициента покрытия β, т.е. его значениями, при которых будут соблюдаться нормативные требования к платежеспособности ПС, будут значения, находящиеся в пределах:

$$0{,}5 \le \beta < 1 .$$

Отсюда и было получено рассматриваемое ограничение .

Рассмотрим кратко вопрос о том, как, откуда возникли другие ограничения . Как известно, структуру выручки от продаж продуктов производства можно представить в виде:

$$В=З_{сов}+[АО_{период}+БП_{норм}],$$

где: В – выручка на периоде (год), получаемая ежегодно в течении периода окупаемости инвестиций во внеоборотные активы;

$З_{сов}$ – совокупные издержки производства;

$БП_{норм}$ – нормативная прибыль;

$АО_{период}$ – норматив амортизационных отчислений(для $a_{ВнА}$) за год.

Если часть исходного капитала ($К_{нач}$), инвестированного в оборотные активы, имеет оборачиваемость N раз на периоде (год), то тогда выражение для выручки можно представить как:

$$В = N_{об} \cdot К_{нач} + [АО_{период} + БП_{норм}].$$

Здесь $К_{нач}$ с оборотом N раз представляет собой по сути беспроцентный капитал (чистый эффект для фирмы) и поэтому для повышения ЭИК требуется увеличивать значение $N_{об}$. Однако безграничное увеличение $N_{об}$ недопустимо, поскольку оно имеет и положительные и отрицательные эффекты. Поэтому требуется компромиссное решение, которое и находит свое отражение в двух стороннем ограничении:

$$К_{нач}^{min} \le К_{нач} \le К_{нач}^{max}.$$

Остальные компоненты в структуре выручки (АО, БП) определяются требованиями инвесторов (акционеров) к стоимости капитала и к периоду его окупаемости. Один из вариантов требований при этом выражается следующим образом:

$$\begin{cases} ЧП_{норм} \equiv \beta \cdot a_{OA} + \text{Дивиденды} + \text{Средства для стратегических капиталовложений} \\ АО_{период} \equiv a_{ВН}^{*} / T_{ок}, \end{cases}$$

где: $a_{ВН}^{*}$ - объем внеоборотных активов, приобретенных за счет исходного капитала инвесторов;

$T_{ок}$ – период окупаемости исходного капитала;

Дивиденды – определяются требованиями к стоимости инвестируемого капитала.

На этой основе требования инвесторов (акционеров) к стоимости и периоду окупаемости исходного капитала можно адекватно отобразить в численные значения ограничений: нижних и верхних значений для величин чистой прибыли, амортизационных отчислений, величины начального оборотного капитала и его оборачиваемости. Наличие сформированных таким образом ограничений позволит находить решения двух вышеизложенных задач оптимизации, которые будут удовлетворять прежде всего важнейшим требованиям инвесторов (акционеров) фирмы, т.е. отображать минимальные требования к эффективности использования капитала.

Теперь вернемся к составу внутренних функций, входящих в базовые функции «Обеспечить ЭИА» и «Обеспечить ЭИК».

На основе вышеизложенного определим состав внутренних функций, обеспечивающих достижение двух базовых свойств «Эффективность использования активов» и «Эффективность использования капитала», следующим перечнем:

Перечень внутренних функций, составляющих две базовые функции «Обеспечить ЭИА» и «Обеспечить ЭИК».

1-й блок функций.

1. Обеспечить разработку и/или приобретение методического обеспечения, алгоритмов для расчета эффективности распределения активов и капитала на основе решения задач параметрической оптимизации.
2. Обеспечить своевременное выполнение расчетов (и перерасчетов) значений объемов и структуры выручки от продаж продуктов производства, оборотных и внеоборотных активов, займов, требующихся по условиям эффективности использования активов и капитала.
3. Обеспечить использование результатов расчетов, включая выдачу заданий (управляющих воздействий) в другие подсистемы: ФСО, Управление, ТП.
4. Обеспечить наблюдение (измерение, оценку, контроль) за состоянием переменных, параметров и показателей ПС, включая состояние объемов и структуры выручки от продаж продуктов производства, активов, займов и собственных средств.
5. Обеспечить наблюдение за состоянием параметров внешней и внутренней среды ПС.
6. Обеспечить наблюдение за состоянием исполнения совокупности внутренних функций под №1÷5, приведенных выше.

2-й блок функций.

7. Обеспечить оценку степени исполнения (качества функционирования) базовых функций «Обеспечить ЭИА» и «Обеспечить ЭИК».

Базовая функция «Обеспечить платежеспособность (ликвидность) ПС».

Определение:

Платежеспособность (ПТС) (ликвидность) производственной системы – представляет собой свойство ПС, заключающейся в способности вернуть в требующемся объеме и сроки заемные средства или в способности погашать свои долговые обязательства

Коммерческие банки чаще используют другой термин – кредитоспособность заемщика, как его способность возвращать (погашать) в срок свои долговые обязательства.

Свойство – платежеспособность ПС проявляется количественно в виде определенных соотношений между элементами структуры активов и пассивов (источники капитала).

Поэтому в качестве показателей свойства ПТС (ПС) можно использовать следующие.

Для целей оценки степени несостоятельности, банкротства предприятия согласно нормативным актам правительства РФ должны использоваться показатели (коэффициенты):

- коэффициент ликвидности (отношение всех текущих активов к краткосрочным обязательствам), и его модификации (отношение наиболее ликвидной части активов к краткосрочным обязательствам) – $К_{ТЛ}$;

- коэффициент обеспеченности оборотных активов источниками собственных средств (отношение разности между собственными средствами и внеоборотными активами к величине оборотных активов) – $К_{ОСС}$;
- коэффициент маневренности (отношение оборотного капитала, как разности оборотных активов и краткосрочных обязательств, к источникам собственных средств) – $К_{М}$;
- коэффициент чувствительности (отношение заемных средств, кратко и долгосрочных, к источникам собственных средств) – $К_{Ч}$.

Можно применять и другие коэффициенты, но они являются производными, зависимыми от вышеприведенных коэффициентов.

Для оценки кредитоспособности заемщика коммерческими банками в зарубежной практике часто используется система финансовых коэффициентов в составе следующих групп основных показателей: ликвидность фирмы, оборачиваемость капитала, привлечение средств и прибыльность .

Если рассматривать в динамике циклические процессы последовательного преобразования различных источников капитала в ресурсы, элементы оборотных активов, выручку от реализации продуктов, то условием, гарантирующим сохранение платежеспособности ПС, будет следующее:

$$В_{и(j-1)} > ТС_j \qquad \text{для всех} \quad j \in \overline{1,N},$$

где: $В_{и(j-1)}$ – инкассированная часть выручки на (j-1) шагу (этапе) производства продукции;

TC_j – требующиеся на j-м шагу совокупные издержки производства;

N – количество шагов (этапов) для общего (за период, год) объема производства продукции.

Более слабое условие можно представить в виде:

минимум модуля разности $|B_{и(j-1)} - TC_j|$

Величина презышения $B_{и(j-1)}$ над TC_j определяется используемыми на фирме нормативами товарных запасов.

Ведомственными актами правительства РФ установлены следующие нормативы (для целей признания предприятия банкротом) для нижних пределов значений ряда показателей (коэффициентов) платежеспособности ПС:

- коэффициент ликвидности (общий) – 2;
- коэффициент обеспеченности оборотных активов собственными средствами – 0,1;
- коэффициент чувствительности – 60%.

Для ряда показателей нормативы получены из практики финансово-хозяйственной деятельности предприятий, фирм для различных отраслей.

Свойство платежеспособность или кредитоспособность ПС является следствием, результатом взаимодействия четырех основных процессов в ПС:

- процессов преобразования ресурсов в продукты, активов в выручку, капитала в активы, исходного (начального) капитала в добавочный капитал, поэтому ПТС (ПС) – это свойство, производное (зависимое) от свойств вышеуказанных процессов, а это, в свою очередь, означает, что свойство ПТС (ПС) образуется, создается в результате (как следствие) функционирования (исполнения) группы базовых функций: «Обеспечить эффективность использования ресурсов, активов и капитала».

Выше отмечалось, что базовые функции «Обеспечить эффективность использования ресурсов, активов и капитала» реализуются, выполняются путем проведения оптимизационных расчетов, в результате которых находятся величины объемов выручки, внеоборотных и оборотных активов, займов, а также структуры (соотношения составных долей) выручки и активов.

Таким образом достигаются определенные соотношения между элементами структур актива и пассива (источников). Поэтому, если к оптимизационным алгоритмам добавить последние условия, это будет означать, что при выполнении базовых функций «Обеспечить эффективность использования ресурсов, активов и капитала» одновременно будет выполняться также и функция «Обеспечить платежеспособность ПС». А значит одновременно со свойствами «Эффективность использования ресурсов, активов и капитала» будет достигаться свойство «ПТС (ПС)». Другими словами при достижении заданной или максимальной эффективности использования ресурсов, активов и капитала ПС при учете определенных ограничений можно гарантировать также выполнение базовой функции и достижение базового свойства «Платежеспособность ПС».

Для ясности необходимо вспомнить, что $К_{ОСС} = \beta$, $К_{ТЛ} = 1/(1-\beta)$. Это станет очевидным, если положить:

$$\pi_{сс} = [a_{ВнА} + \beta \cdot a_{ОА}]; \qquad \pi_{ко} = (1 - \beta) \cdot a_{ОА},$$

и произвести несложные математические преобразования. Здесь $\pi_{сс}$ – собственные средства, $\pi_{ко}$ – краткосрочные обязательства предприятия.

Базовая функция «Обеспечить платежеспособность ПС» считается выполненной, когда будет достигнут результат от выполнения группы базовых функций «Обеспечить ЭИР, ЭИА и ЭИК», рассчитанный и ожидаемый с учетом ограничений .

Уровень выполнения функции «Обеспечить ПТС ПС» или качество ее функционирования определяется степенью достижения требуемых значений для показателей трансформации и капиталоотдачи (КТР и КОТ) при обязательном соблюдении заданных ограничений .

Базовая функция «Обеспечить ПТС ПС» реализуется в процессе выполнения базовых функций «Обеспечить ЭИР; ЭИА и ЭИК», в состав внутренних функций которых включены дополнения, связанные с учетом добавочных ограничений .

В таком случае не требуется отдельная внутренняя структура (в составе ФСО ПС) для реализации базовой функции «Обеспечить платежеспособность ПС».

Раздел 3.3. Конкурентоспособность и дифференцированность продуктов, услуг.

В связи с огромным разнообразием продуктов, услуг также велико разнообразие их свойств.

Поэтому для более глубокого понимания и представления базовых свойств «Конкурентоспособность и дифференцированность продуктов, услуг» описание и иллюстрацию этих свойств целесообразно выполнить на примере отдельного продукта или услуги. В качестве такового мы используем образовательные услуги (ОУ) в сфере высшего профессионального образования (ВПО).

Базовое свойство «Дифференцированность ОУ» представляется группой свойств, которые оцениваются через отдельные показатели. Каждый в отдельности показатель отражает в себе возможность (наличие, имеется) или невозможность каждого отдельного вида свойства в составе базового свойства – Дифференцированность ОУ». Составляющими свойствами являются:

1. Возможность обучаться на квалификацию «Магистра», «Бакалавра»,
2. Возможность обучаться в аспирантуре,
3. Возможность обучаться на иностранном(ых) языке(ах),
4. Возможность обучаться в системе открытого образования,
5. …..

Значение показателей: имеется возможность (…) – 1, не имеется возможность (…) – 0. Базовое значение везде здесь – 1.

Базовое свойство «Конкурентоспособность ОУ».

Конкурентоспособность ОУ означает сравнительное преимущество ОУ в данном ВУЗе перед другими ВУЗами на длительном периоде времени (на менее 5 лет), возможность удовлетворить требованиям потребителей в большей степени, чем ОУ в других ВУЗах.

КСП – свойство интегральное. Для оценки данного свойства используется совокупность показателей, количественные данные по которым должны быть представлены для каждого года на длительном периоде в виде дроби, в числителе которой размещаются данные по рассматриваемому ВУЗу, а в знаменателе – данные по другому(им) ВУЗу(ам). Эту ссвокупность показателей удобно представить в виде таблицы (таблиц).

Совокупность отдельных свойств и совокупность (групповой показатель) сравнительных показателей приводится ниже.

1. Свойство – продолжительность (количество лет) участия ВУЗа (специальности) в образовательном процессе в сфере ВПО в стране. Показатель представляется как отношение – T_i ВУЗа / $T_к$ другого ВУЗа.
2. Свойство – конкурсность приема. Показатель свойства представляется в виде отношения количества абитуриентов ВУЗа к числу абитуриентов другого(их) ВУЗа(ов) – $Аб.^о$ / Аб. другого ВУЗа, для каждого года в течении, не менее 5 лет.
3. Свойство – степень загрузки ВУЗа обучающимися. Показатель свойства представляется в виде отношения количества

обучающихся (по специальности) ВУЗа к числу обучающихся (по специальности) другого(их) ВУЗа(ов) – $С_т^о$ / $С_т$. другого ВУЗа, для каждого года в течении, не менее 5 лет.

4. Свойство – выпускаемость специалистов.. Показатель свойства представляется в виде отношения количества выпускников (по специальности) ВУЗа к числу выпускников (по специальности) другого(их) ВУЗа(ов) –$Вып^о$ ВУЗа / Вып. другого(их) ВУЗа, для каждого года в течении, не менее 5 лет.
5. Свойство – степень преобладаемости на рынке образовательных услуг ВУЗа относительно другого ВУЗа(ов). Показатель свойства – в виде отношения доли ВУЗа к доле другого(их) ВУЗа(ов), приводятся данные ежегодно в течении не менее 5 лет, отдельно по г. Владивостоку, Приморскому краю, Дальнему Востоку.
6. Свойство – стоимость обучения. Показатель свойства в виде отношения стоимости обучения ВУЗа к стоимости обучения в другом(их) ВУЗе(ах). Приводятся данные ежегодно в течении, не менее 5 лет, отдельно по г. Владивостоку, Приморскому краю, Дальнему Востоку.
7. Свойство – имидж (сформировавшийся образ) ВУЗа среди общества и групп стратегического влияния по свойствам:

7.1 профессионализм профессорско-преподавательского состава;

7.2 удобство обучения для обучающихся;

7.3 оснащенность и обеспеченность материально-техническими средствами образовательного процесса;

7.4 современность и актуальность профессий для обучения, образовательного процесса,………..

7.5 социальная обеспеченность обучающихся;

7.6 возможность трудоустройства выпускников.

Оценка данного показателя может производиться в баллах по трехбалльной или иной шкале путем анкетных опросов, результаты представляются в табличной форме, куда заносятся сравнительные данные за несколько лет (не менее 5-ти).

Выше были показаны причинно-следственные связи при взаимодействии свойств ПС. Откуда следует, что базовые свойства «Конкурентоспособность продуктов, услуг» и «Дифференцированность продуктов, услуг» определяются (как причинами) базовыми свойствами технологического процесса производства продуктов, оказания услуг и базовым свойством ФСО ПС: «Эффективность использования ресурсов», а также взаимно определяются свойствами «Эффективность использования активов и капитала».

Поэтому функциональное обеспечение (ФСО) для базовых свойств ТП, «Эффективность использования ресурсов, активов и капитала» будет по сути также и функциональным обеспечением для базовых свойств «КСП» и «ДФРП».

Раздел 3.4. Базовые свойства «управления» производственной системой.

3.4.1. Управляемость базовых функций и свойств ПС.

Базовое свойство «Управляемость состояния исполнения внутренних и базовых функций и достижимостью требуемых значений базовых свойств для всей их совокупности», кратко БСВ «Управляемость (.)») как выше было сказано, определяется (как причинами) совокупностью из следующих групповых свойств:

1-У – Внутренние свойства структуры управления;

2-У – «Управляемость характеристик исполнителей»;

3-У -«Управляемость характеристик ресурсов»;

4-У – «Наблюдаемость состояния исполнения функций и свойств ПС»;

5-У – «Диагностируемость причин отклонений совокупности базовых свойств ПС»;

6-У – «Внутренние свойства структуры ФСО (для совокупности базовых функций), а также производными от них свойствами:

7-У – Реактивность структуры управления;

8-У – Производительность структуры управления;

9-У – Управляемость структуры ФСО (для совокупности базовых функций).

В свою очередь, базовое свойство «Управляемость состояния исполнения внутренних и базовых функций и достижимостью требуемых значений базовых свойств для всей их совокупности» само определяет, как причина, такие важные для потребителей свойства системы управления, как эффективность управления, скорость и производительность управления, стабильность управления, образующие в совокупности свойство «качество управления».

При этом необходимо отметить особую роль, которая отводится для базовой функции «Обеспечить управляемость состояния исполнения совокупности внутренних и базовых функций ПС (.)». Именно благодаря этой функции образуется принципиальная возможность целенаправленно изменять (управлять) состояние и степень исполнения совокупности внутренних и базовых функций, а, значит, управлять качеством функционирования всех базовых функций, а также создается возможность управлять степенью достижения (достижимостью) требуемых значений базовых свойств для всей их совокупности. Кроме этого данная базовая функция порождает, как производные, две важнейшие базовые функции «Обеспечить устойчивость и низкую чувствительность функциональных возможностей и качества их функционирования к изменениям факторов внешней и внутренней среды ПС», которые обеспечивают, гарантируют стабильность функциональных возможностей и качества их функционирования.

Состав корневых (исходных) групповых свойств 1-У ÷ 6-У, образующих базовое свойство «Управляемость (.)», определяется следующим образом.

Внутренние свойства структуры управления №1.

1. Возможность использования иерархического типа структуры управления и изменения ее конфигурации.
2. Возможность назначения в качестве элементов структуры управления всех участников: управляющие элементы (УЭ) и непосредственные исполнители совокупности внутренних функций для всех базовых функций, а также ресурсы, находящиеся в распоряжении УЭ соответствующего уровня.
3. Возможность образования неразрывных прямых путей (каналов связи) от УЭ любого уровня до исполнителя (индивидум или команда) каждой внутренней функции в составе совокупности базовых функций.
4. Возможность образования неразрывных прямых путей (каналов связи) от УЭ (любого уровня) к ресурсам, находящимся в его распоряжении, и далее к каждому исполнителю (внутренней функции) из его команды, либо к УЭ нижестоящего уровня.
5. Возможность образования неразрывных обратных связей (информационных каналов) от каждого исполнителя внутренней функции (для всех базовых функций) к своему УЭ и от каждого УЭ нижнего уровня к соответствующему УЭ вышестоящего уровня.
6. Возможность изменять количество и содержание (состав) элементов в Структуре управления:

6.1. Состав и количество исполнителей внутренних функций, базовых функций;

6.2. Состав, структура и количество ресурсов (дополнительных).

Свойство №2 «Управляемость характеристик исполнителей».

1. Характеристика «Классификация»

1.1. Возможность перераспределять исполнителей внутри совокупности внутренних функций для каждой базовой функции.

1.2. Мотивационные возможности (угроза увольнения, перспектива повышения в должности, зарплаты,…).

1.3. Возможность обучать исполнителей с временным отрывом от основной работы.

1.4. Ресурсные возможности для обучения.

2. Характеристика «Функциональная независимость».

2.1. Возможность обучать исполнителей.

2.2. Ресурсные возможности.

2.3. Мотивационные возможности.

2.4. Возможность погружения в более сложные ситуации.

3. Характеристика «Способность адаптироваться».

3.1. Возможность обучать исполнителей.

3.2. Ресурсные возможности.

3.3. Мотивационные возможности.

3.4. Возможность погружения в более сложные ситуации.

4. Характеристика «Коммуникабельность».

4.1. Возможность обучать исполнителя в команде.

4.2. Ресурсные возможности.

4.3. Мотивационные возможности.

4.4. Возможность погружения в слаженную, умеющую обучать команду.

Свойство №3 «Управляемость характеристик ресурсов».

1. Возможность резервирования ресурсов, в т. ч. дополнительных.
2. Допустимость (возможность) частичного использования, частичной загрузки, временного простоя мощностей.
3. Возможность замещения ресурсов.
4. Возможности расчета распределения ресурсов на основе оптимализации, выделения и использования ресурсов.
5. Возможность наблюдения (контроля) за состоянием резерва, выделения и использования ресурсов.

Свойство №4 «Наблюдаемость состояния исполнения функций и свойств ПС».

1. Возможности (методические, алгоритмические) достоверной оценки Элементов 1-8 перечня.
2. Возможность (доступность) прямого измерения или косвенной Оценки элементов 1-8 перечня.
3. (Возможность) доступность по времени, необходимому для

измерения, оценки элементов 1-8 перечня.

4. Возможность (доступность) по стоимости затрат, требующихся для измерения, оценки элементов 1-8 Перечня.

Перечень

элементов (состояния и выходных переменных), наблюдаемость которых рассматривается в свойстве «Наблюдаемость состояния исполнения функций и свойств ПС»:

1. Переменные состояния исполнения совокупности внутренних функций для каждой базовой функции, отображаемые в матрице $[\overline{\Phi}^{к}_{БФ}]$, к=1,2,…

2. Показатели состояния исполнения (качество функционирования) базовых функций, отображаемые в матрице $\overline{}$ $[КФ]^{к}_{БФ}$, к=1,2,…

3. Параметры межфункционального взаимодействия (для базовых функций).
4. Переменные состояния совокупности внутренних свойств для каждого базового свойства $\{ПВн.Св.\}^{к}_{Б.Св.}$, к=1,2,...
5. Выходные переменные в виде совокупности показателей для каждого базового свойства _ $\{П^{к}_{Б.Св.}\}$, к=1,2,...
6. Характеристики (и параметры) ресурсов.
7. Характеристики человеческих ресурсов (исполнители различных рангов).
8. Характеристики продуктов, услуг.

Свойство №5 «Диагностируемость причин отклонений совокупности базовых свойств ПС».

1. озможность построения (нахождения) представительного набора Цепочек (последовательности элементов) причинно-следственных связей в структуре ФСО для каждой в отдельности базовой функции с учетом их межфункционального взаимодействия.

2 Наблюдаемость (возможность наблюдения) всех элементов для каждой цепочки причинно-следственных связей в структуре ФСО каждой базовой функции: совокупности внутренних функций, связи между ними, последовательности их выполнения, параметры меж функционального взаимодействия базовых функций.

3. Наблюдаемость выходных переменных в части множества показателей для всей совокупности базовых свойств.

4. Возможность (доступность) проведения функционально-структурного

и функционально-стоимостного анализа для совокупности базовых функций:

4.1. Доступность по времени.

4.2. Доступность по стоимости.

5. Возможность (доступность) проведения специального анализа с целью нахождения оценки чувствительности множества показателей совокупности базовых свойств к «параметрическим» возмущениям: содержание совокупности внутренних функций, связи между ними, параметры межфункционального взаимодействия базовых функций:

5.1.Доступность по времени.

5.2.Доступность по стоимости.

Совокупность внутренних свойств структуры ФСО для всего множества базовых функций № 1-6.

Алгоритм и процедуры исполнения совокупности внутренних функций при функционировании базовой функции.

1. Возможность использования сетевой конструкции (структуры) для отображения (описания) алгоритма и изменения ее конфигурации.
2. Возможность модульного построения элементов структуры алгоритма.
3. Возможность распараллеливания процессов исполнения внутренних функций, операций, задач в составе алгоритма.
4. Возможность отображения структуры и параметров алгоритма в структуру и параметры сетевой программно-вычислительной

системы.

Данное свойство является производным от внутренних свойств пп. 1-3 алгоритма и пп. 1-3 системы СПВС.

Сетевая программно-вычислительная система (СПВС).

1. Возможность использования сетевой распределенной конфигурации для вычислительной системы СПВС на основе многопроцессорных компонент и многокомпьютерных (кластерных) подсистем и возможность ее изменения (масштабирования).
2. Возможности модульной организации и построения СПВС.
3. Возможности распараллеливания вычислительных процессов, процессов обмена, передачи, ввода/вывода и иных в СПВС.

Выше приведенные групповые свойства №1 ÷ №6 формируют производные свойства, которые являются промежуточными свойствами в общей цепи образования базового свойства «Управляемость (.)».

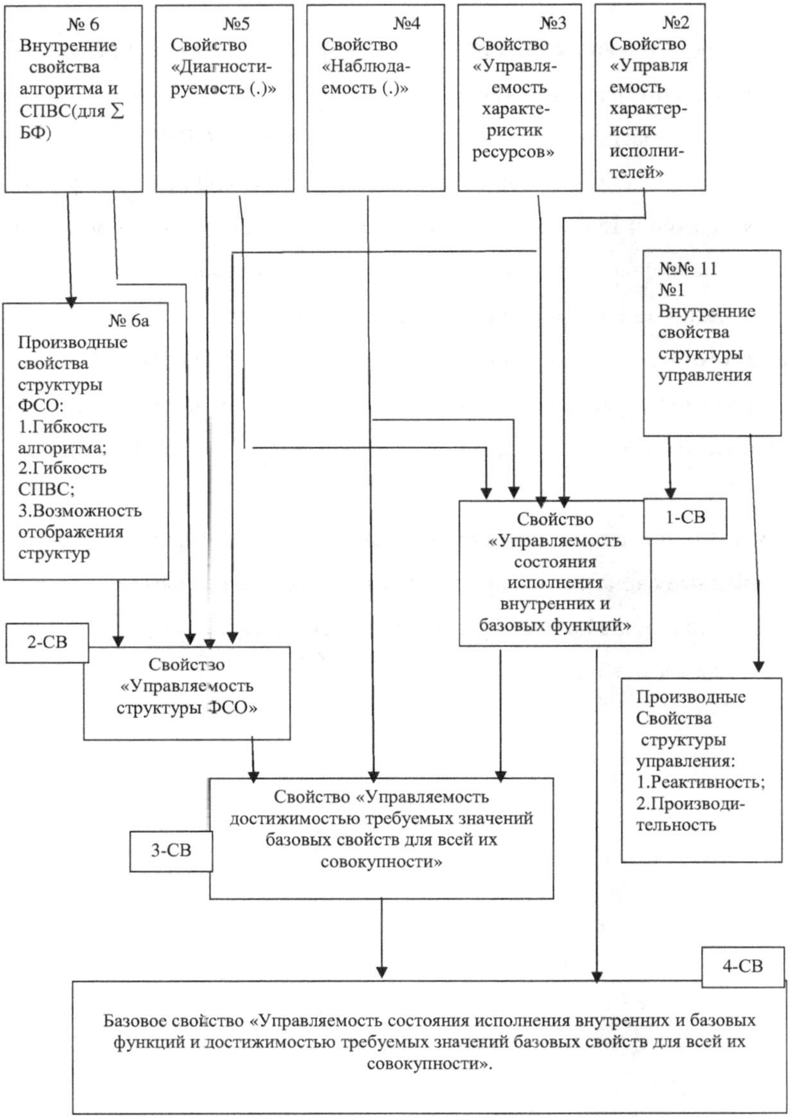
№ 6
Внутренние свойства алгоритма и СПВС(для Σ БФ)
№5
Свойство «Диагности-руемость (.)»
№4
Свойство «Наблюда-емость (.)»
№3
Свойство «Управля-емость характе-ристик ресурсов»
№2
Свойство «Управля емость характер-истик исполни-телей»
№№ 11
№1
Внутренние свойства структуры управления
№ 6а
Производные свойства структуры ФСО:
1.Гибкость алгоритма;
2.Гибкость СПВС;
3.Возможность отображения структур
1-СВ
Свойство «Управляемость состояния исполнения внутренних и базовых функций»
2-СВ
Свойство «Управляемость структуры ФСО»
Производные Свойства структуры управления:
1.Реактивность;
2.Производи-тельность
3-СВ
Свойство «Управляемость достижимостью требуемых значений базовых свойств для всей их совокупности»
4-СВ
Базовое свойство «Управляемость состояния исполнения внутренних и базовых функций и достижимостью требуемых значений базовых свойств для всей их совокупности».

Итоговая схема (механизм) формирования базового свойства «Управляемость состояния исполнения внутренних и базовых функций», образованная путем композиции схем для каждого группового свойства, приводится на рисунке.

Далее в таблицах № 1 ÷ № 6 в компактной форме описываются и определяются показатели для всей совокупности внутренних свойств, образующих базовое свойство «Управляемость (.)», а также базовые значения для них. База для показателей свойств может использоваться при нахождении степени достижения, соответствия требуемым значениям показателей. В данных таблицах показываются также возможные формулировки, представления для обобщающих показателей каждого группового свойства в отдельности.

Показатели совокупности внутренних свойств структуры управления.

Таблица № 1

Перечень внутренних свойств структуры управления	Показатели	
	Факт	База
1	2	3
Возможность использования иерархического типа структуры управления и изменения ее конфигурации.	Иерархическая структура управления с параметрами:	Типовая структура, имеющая 3 уровня (глубины)

	1.Коэффициент глубины структуры равен количеству уровней –Кгл 2.Коэффициент ширины структуры равен максимальному количеству элементов на одном уровне структуры – Кш.	и ширину, равную 6 элементам.
Возможность назначения в качестве элементов структуры управления всех участников: управляющие элементы (УЭ) и непосредственные исполнители совокупности внутренних функций для всех базовых функций, а также ресурсы, находящиеся в распоряжении УЭ соответствующего уровня.	Рейтинговая оценка «Возможности (…)» по шкале: -имеется возможность– 1 -не имеется возможность – 0; -имеется частичная возможность - (q)	« 1 »

Возможность образования неразрывных прямых путей (каналов связи) от УЭ любого уровня до исполнителя (индивидум или команда) каждой внутренней функции в составе совокупности базовых функций.	Коэффициенты* прямых путей: $К^1_{пр.}$, $К^2_{пр.}$	Коэффици-енты* прямых путей: $К^{1Б}_{пр.}=1$; $К^{2Б}_{пр.}=1$;
Возможность образования неразрывных прямых путей (каналов связи) от УЭ (любого уровня) к ресурсам, находящимся в его распоряжении, и далее к каждому исполнителю (внутренней функции) из его команды, либо к УЭ нижестоящего уровня.	Коэффициенты* прямых путей: $К^3_{пр.}$, $К^4_{пр.}$	Коэффици енты* прямых путей: $К^{3Б}_{пр.}=1$; $К^{4Б}_{пр.}=1$
Возможность образования неразрывных обратных связей (информационных каналов) от каждого исполнителя внутренней функции (для всех базовых функций) к своему УЭ и от каждого УЭ нижнего уровня к соответствующему УЭ	Коэффициенты обратных связей*: $К^1_{ос.}$; $К^2_{ос.}$	$К^{1Б}_{ос}=1$ $К^{2Б}_{ос}=1$

вышестоящего уровня.		
Возможность изменять количество и содержание (состав) элементов в структуре управления: 6.1. Состав и количество исполнителей внутренних функций, базовых функций; 6.2. Состав, структура и количество ресурсов (дополнительных).	1.Рейтинговая оценка «Возможности (.)» по шкале: –имеется возможность-1; -не имеется - 0; -имеется частично - (q). 2.Коэффициенты степени р езервирования дополнительных ресурсов для каждой базовой функции – K^{i}_{p}. 3.Показатель достаточности ресурсов для реализации управляемости*	1. « 1 » 2. $K^{Бi}_{p.}=K^{i}_{p}$, Расчитан ному для плановых дополни тельных ресурсов. 3.Требова-ние: $K^{Бi}_{p} \geq K^{i}_{min} > 0$

Обобщающие показатели в виде: 1. Простая сумма индивидуальных показателей для совокупности внутренних свойств пп. 1-6. 2. Взвешенная сумма индивидуальных показателей совокупности внутренних свойств пп. 1-6. Весовые коэффициенты (значимости) могут определяться экспертным путем, либо иным способом		

*- Детальная формулировка отдельных показателей приводится отдельно ввиду ее громоздкости.

Определения:

1. Коэффициент прямых путей i-й базовой функции $К^1_{пр}$ определяется как отношение фактического количества прямых неразрывных путей от УЭ i-й базовой функции к УЭ основных внутренних функций и УЭ для совокупности вспомогательных внутренних функций к общему количеству внутренних функций с добавлением «1» (для всей совокупности вспомогательных внутренних функций), составляющих i-ю базовую функцию.
2. Коэффициент прямых путей i-й внутренней функции $К^2_{пр}$. Находится как отношение фактического числа прямых неразрывных путей от УЭ основной внутренней функции и от одного УЭ для совокупности вспомогательных внутренних функций ко всем исполнителям внутренней функции,

подчиняющимся данному УЭ, к общему количеству исполнителей данной внутренней функции. Данный коэффициент находится для каждой основной внутренней функции и для всей совокупности вспомогательных функций, входящих в рассматриваемую базовую функцию.

3. Коэффициент прямых путей для ресурсов i-й базовой функции $К^3_{пр}$. Определяется как отношение фактического числа прямых неразрывных путей (каналов) передачи/приема ресурсов, находящихся в распоряжении УЭ i-й базовой функции, к УЭ (нижестоящих уровней) основных внутренних функций и УЭ для всей совокупности вспомогательных функций к общему количеству основных внутренних функций плюс «1» (для всей совокупности вспомогательных внутренних функций).
4. Коэффициент прямых путей для ресурсов i-й внутренней функции $К^4_{пр}$. Находится как отношение фактического количества прямых неразрывных путей (каналов) передачи/приема ресурсов, находящихся в распоряжении УЭ i-й внутренней функции, к исполнителям данной внутренней функции к общему количеству исполнителей i-й внутренней функции.

Коэффициент $К^4_{пр}$. Находится для каждой основной внутренней функции и один для всей совокупности вспомогательных внутренних функций в составе i-й базовой функции.

5. Коэффициент внутренней обратной связи $К^1_{ос}$. Определяется как отношение фактического количества внутренних обратных связей к общему числу элементов (УЭ и исполнители) структуры.

Здесь под внутренней обратной связью понимается обратная связь из элемента в этот же элемент.

6. Коэффициент межуровневой обратной связи $К^2_{ос}$. Находится как отношение фактического количества межуровневых обратных связей от УЭ нижестоящих уровней и исполнителей в УЭ вышестоящих уровней к общему количеству УЭ (исключая УЭ базовой функции) и исполнителей.
7. Коэффициент степени резервирования дополнительных ресурсов (для целей управления) $К^i_р$. для i-й базовой функции, i>1,2,…, определяется как отношение фактических затрат на совокупность ресурсов, использованных для реализации управленческих процессов, к плановым затратам на совокупность ресурсов, необходимых для выполнения рассматриваемой (i-й) базовой функции.

   Данный коэффициент находится для каждой базовой функции отдельно.
8. Показатель достаточности ресурсов для реализации управляемости (возможности управлять) выражается в виде требуемого соотношения между плановым (база) коэффициентом $К^{Бi}_р$. и его значением,соответствующим минимально необходимому уровню дополнительных ресурсов для осуществления управленческих процессов по управлению i-й базовой функцией. Требуемое соотношение имеет вид:

$$К^{Бi}_р \geq К_{р\,min} > 0.$$

Показатели свойства «Управляемость характеристик исполнителей»

Таблица № 2

№	Перечень внутренних свойств	Показатели	
		Факт	База
	1	2	3
1	Характеристика «Классификация» 1.1. Возможность перераспределять исполнителей внутри совокупности внутренних функций для каждой базовой функции.	Рейтинговая оценка «Возможности (.)» по шкале: -имеется возможность -1; -не имеется – 0; -имеется частично – (q).	« 1 »
	1.2. Мотивационные возможности (угроза увольнения, перспектива повышения в должности, зарплаты,…).	Рейтинговая оценка «Возможности (.)» по шкале: -имеется в озможность -1; -не имеется – 0; -имеется частично – (q).	« 1 »
	1.3. Возможность обучать исполнителей с временным отрывом от основной работы.	Рейтинговая оценка «Возможности (.)» по шкале: -имеется	« 1 »

		возможность -1; -не имеется – 0; -имеется частично – (q).	
	1.4. Ресурсные возможности для обучения.	Рейтинговая оценка «Возможности (.)» по шкале: -имеется возможность -1; -не имеется – 0; -имеется частично – (q).	« 1 »
2	Характеристика «Функциональная независимость». 2.1. Возможность обучать исполнителей.	Рейтинговая оценка «Возможности (.)» по шкале: -имеется возможность -1; -не имеется – 0; -имеется частично – (q).	« 1 »
	2.2. Ресурсные возможности.	Рейтинговая Оценка «Возможности (.)» по шкале: -имеется возможность -1; -не имеется – 0; -имеется частично	« 1 »

		– (q).	
	2.3. Мотивационные возможности.	Рейтинговая Оценка «Возможности (.)» по шкале: -имеется возможность -1; -не имеется – 0; -имеется частично – (q).	« 1 »
	2.4. Возможность погружения в более сложные ситуации.	Рейтинговая оценка «Возможности (.)» по шкале: -имеется возможность -1; -не имеется – 0; -имеется частично – (q).	« 1 »
3	Характеристика «Способность адаптироваться». 3.1. Возможность обучать исполнителей.	Рейтинговая оценка «Возможности (.)» по шкале: -имеется возможность -1; -не имеется – 0; -имеется частично – (q).	« 1 »

	3.2. Ресурсные возможности.	Рейтинговая оценка «Возможности (.)» по шкале: -имеется возможность -1; -не имеется – 0; -имеется частично – (q).	« 1 »

	3.3. Мотивационные возможности.	Рейтинговая оценка «Возможности (.)» по шкале: -имеется возможность -1; -не имеется – 0; -имеется частично – (q).	« 1 »
	3.4. Возможность погружения в более сложные ситуации.	Рейтинговая оценка «Возможности (.)» по шкале: -имеется возможность -1; -не имеется – 0; -имеется частично – (q).	« 1 »
4	Характеристика «Коммуникабельность».		

	4.1. Возможность обучать исполнителя в команде.	Рейтинговая оценка «Возможности (.)» по шкале: -имеется возможность -1; -не имеется – 0; -имеется частично – (q).	« 1 »
	4.2. Ресурсные возможности.	Рейтинговая оценка «Возможности (.)» по шкале: -имеется возможность -1; -не имеется – 0; -имеется частично – (q).	« 1 »
	4.3. Мотивационные возможности.	Рейтинговая оценка «Возможности (.)» по шкале: -имеется возможность -1; -не имеется – 0; -имеется частично – (q).	« 1 »
	4.4. Возможность погружения в слаженную, умеющую обучать команду	Рейтинговая оценка «Возможности	

		(.)» по шкале: -имеется возможность -1; -не имеется – 0; -имеется частично – (q).	« 1 »
	Обучающие показатели в виде: 1.Отношение простой суммы индивидуальных или групповых оценок для совокупности внутренних свойств из пп. 1-4 к сумме базовых показателей («1»). 2.Взвешенная сумма индивидуальных или групповых оценок для совокупности внутренних свойств из пп. 1-4. Весовые коэффициенты (значимости) могут находиться экспертным или иным путем.		

Перечень характеристик исполнителей:

1. Квалификация (накопленный уровень знаний и умений).
2. Функциональная независимость (самостоятельность, автономность).
3. Способность адаптироваться к новым нагрузкам, функциям, задачам.
4. Коммуникабельность (умение работать в команде).

Способы изменения характеристик:

1. Квалификация:
   1.1. Обучение.
   1.2. Перераспределение исполнителей внутри совокупности внутренних функций для каждой базовой функции с целью добиться большего соответствия внутренней функции (операции, работы) и имеющейся квалификации исполнителя.
2. Функциональная независимость:
   2.1. Повышение квалификации.
   2.2. Обучение на специальных тренажерах способности к самостоятельной деятельности.
   2.3. Мотивации.
   2.4. Погружение в более сложные ситуации.
3. Способность адаптироваться:
   3.1. Обучение на специальных тренажерах.
   3.2. Мотивации.
   3.3. Повышение (расширение) квалификации.
   3.4. Погружение в новые ситуации.

4. Коммуникабельность:
   4.1. Обучение в команде.
   4.2. Мотивации.
   4.3. Погружение в слаженную, умеющую обучать «новеньких» команду.

Показатели свойства «Управляемость характеристик ресурсов».

Таблица № 3

Перечень внутренних свойств	Показатели	
	Факт	База
1	2	3
Возможность резервирования ресурсов, в т. ч. дополнительных.	1.Коэффициенты степени резервирования дополнительных ресурсов для каждой базовой функции– $К^{i}_{р}$	$К^{Бi}_{р}=К^{i}_{р}$, расчитан ному для плано вых потерь, допол ните-льных ресурсов
Допустимость (возможность) частичного использования, частичной загрузки, временного простоя мощностей.	Рейтинговая оценка «Возможности (.)» по шкале: -имеется возможность -1; -не имеется – 0; -имеется частично – (q).	« 1 »

Возможность замещения ресурсов.	Рейтинговая оценка «Возможности (.)» по шкале: -имеется возможность -1; -не имеется – 0; -имеется частично – (q).	« 1 »
Возможности расчета распределения ресурсов на основе оптимализации, выделения и использования ресурсов.	Рейтинговая оценка «Возможности (.)» по шкале: -имеется возможность -1; -не имеется – 0; -имеется частично – (q).	« 1 »
Возможность наблюдения (контроля) за состоянием резерва, выделения и использования ресурсов. Обобщающие показатели в виде: 1.Простая сумма индивидуальных показателей для совокупности внутренних свойств из пп. 1-5 (возможно брать отношение этой суммы к сумме базовых показателей («1»)).	Рейтинговая оценка «Возможности (.)» по шкале: -имеется возможность -1; -не имеется – 0; -имеется частично – (q).	« 1 »

2.Взвешенная сумма индивидуальных показателей совокупности внутренних свойств из пп. 1-5.		

Определение:

1. Коэффициент степени резервирования дополнительных ресурсов для базовой (i) функции K^{i}_{p}, i=1,2,…, определяется как отношение фактических затрат на совокупность ресурсов, использованных для осуществления управленческих процессов, к плановым затратам на совокупность ресурсов, необходимых для выполнения рассматриваемой (i) базовой функции.

Данный коэффициент находится для каждой базовой функции отдельно.

Перечень характеристик ресурсов:

1. Состав ресурсов (виды, номенклатура).
2. Структура (соотношение) ресурсов.
3. Количество (объем).
4. Степень замещения (замещаемости) ресурса (ов).
5. Стоимость, цена, потребительная ценность.

Виды ресурсов:

1. Технические.
2. Программные (SFW).
3. Пространственные.
4. Временные.
5. Трудовые.
6. Интеллектуальные (знания, ноу-хау,…).
7. Информационные ресурсы.
8. Человеческие ресурсы (квалификация).
9. Финансовые.
10. Коммуникационные.
11. Управленческие.

Показатели совокупности внутренних свойств свойства «Наблюдаемость состояния исполнения функций и свойств ПС».

Таблица № 4

№	Перечень внутренних свойств	Показатели	
		Факт	База
1	Возможности (методические, алгоритмические) достоверной оценки элементов 1-8 перечня.	Рейтинговая оценка «Возмож ности (.)» по шкале:	«1»

		-имеется возмож ность -1; -не имеется – 0; -имеется частично – (q). Оценка для каждого элемента 1-8 перечня в отдельности.	
2	Возможность (доступность) прямого измерения или косвенной оценки элементов 1-8 перечня.	Рейтинговая Оценка «Возможности (.)» по шкале: -имеется возможность -1; -не имеется – 0; -имеется частично – (q). Оценка для каждого элемента 1-8 перечня в отдельности.	«1»
3	(Возможность) доступность по времени, необходимому для измерения, оценки элементов 1-8 перечня.	1.Коэффициент допустимости по времени -$К_{ДВ}$. при $К_{ДВ} \leq К^{Б}_{ДВ}$ допустимость имеется (1); при $К_{ДВ} > К^{Б}_{ДВ}$	$К^{Б}_{ДВ}$ =1

		недоступно (0). Выполняется для каждого элемента 1-8 перечня в отдельности.	
4	Возможность (доступность) по стоимости затрат, требующихся для измерения, оценки элементов 1-8 перечня.	1.Коэффициенты* доступности по стоимости $–К_{Д.Ст.}$, при $К_{Д.Ст.} \leq К^{Б}_{Д.Ст.}$ возможность имеется (1); при $К_{Д.Ст.} > К^{Б}_{Д.Ст.}$ возможности нет (0). Для каждого элемента 1-8 перечня в отдельности.	$К^{Б}_{Д.Ст.}$ =1

	Обобщающие показатели находятся в виде: 1.Простая сумма индивидуальных показателей для совокупности внутренних свойств пп. 1-4 или ее отношение к сумме соответствующих базовых показателей («1»). 2.Взвешенная сумма показателей для совокупности внутренних свойств пп. 1-4 - определяется для каждого элемента 1-8 перечня в отдельности и в совокупности по всем 8-ми элементам.	

*- детальная формулировка показателей приводится дополнительно к таблице.

Определения:

1. Коэффициент доступности по времени КДВ определяется в виде отношения времени, требующегося для оценки, измерения отдельного элемента (1-8) перечня, к времени , доступному по техническим и иным условиям для осуществления оценки.
2. Коэффициент доступности по стоимости КД.Ст. определяется как отношение затрат, необходимых для оценки, измерения отдельного элемента (1-8) перечня, к затратам для оценки, определенным некоторыми нормативами (планом).

Перечень:

элементов (состояния и выходных переменных), наблюдаемость которых рассматривается в свойстве «Наблюдаемость состояния исполнения функций и свойств ПС»:

1. Переменные состояния исполнения совокупности внутренних функций для каждой базовой функции, отображаемые в матрице

   $[\bar{Ф}^{к}{}_{БФ}]$, к=1,2,…

2. Показатели состояния исполнения (качество функционирования) базовых функций, отображаемые в матрице

   $[\overline{КФ}]^{к}{}_{БФ}$, к=1,2,…

3. Параметры межфункционального взаимодействия (для базовых функций).
4. Переменные состояния совокупности внутренних свойств для каждого базового свойства

   $\{ПВн.Св.\}^{к}{}_{Б.Св.}$, к=1,2,…

5. Выходные переменные в виде совокупности показателей для каждого базового свойства

   $\{\bar{П}^{к}{}_{Б.Св.}\}$, к=1,2,…

6. Характеристики (и параметры) ресурсов.
7. Характеристики человеческих ресурсов (исполнители различных рангов).
8. Характеристики продуктов, услуг.

Показатели совокупности внутренних свойств

свойства «Диагностируемость причин отклонений совокупности базовых свойств ПС»

Таблица № 5

№	Перечень внутренних свойств	Показатели	
		Факт	База
	1	2	3
1	Возможность построения (нахождения) представительного набора цепочек (последовательности элементов) причинно-следственных связей в структуре ФСО для каждой в отдельности базовой функции с учетом их межфункционального взаимодействия.	Рейтинговая оценка «Возможности (.)» по шкале: -имеется возможность -1; -не имеется – 0; -имеется частично – (q). Оценка делается для каждой базовой функции.	«1»
2	Наблюдаемость (возможность наблюдения) всех элементов для каждой цепочки причинно-следственных связей в структуре ФСО каждой базовой функции: совокупности внутренних функций, связи между ними, последовательности их выполнения, параметры меж функционального взаимодействия базовых функций.	Рейтинговая оценка «Возможности (.)» по шкале: -имеется возможность -1; -не имеется – 0; -имеется частично – (q). Оценка выполняется отдельно для каждого элемента цепочки связей.	«1»

3	Наблюдаемость выходных переменных в части множества показателей для всей совокупности базовых свойств.	Рейтинговая оценка «Возможности (.)» по шкале: -имеется возможность -1; -не имеется – 0; -имеется частично – (q). Оценка выполняется для каждого базового свойства.	«1»
4	Возможность (доступность) проведения функционально-структурного и функционально-стоимостного анализа для совокупности базовых функций: 4.1. Доступность по времени.	1.Коэффициент допустимости по времени $-К_{ДВ}$, при $К_{ДВ} \leq К^{Б}_{ДВ}$ допустимость имеется (1); при $КДВ>К^{Б}_{ДВ}$ недоступно (0). Выполняется для каждого элемента 1-8 перечня в отдельности.	$К^{Б}_{ДВ}$ =1
	1	2	3

	4.2. Доступность по стоимости.	2.Коэффициент доступности по стоимости –КД.Ст., при КД.Ст.≤ $К^{Б}_{Д.Ст.}$ возможность имеется (1); при КД.Ст.>$К^{Б}_{Д.Ст.}$ возможности нет (0). Выполняются расчеты для каждой базовой функции.	$К^{Б}_{Д.Ст.}=1$

5	Возможность (доступность) проведения специального анализа с целью нахождения оценки чувствительности множества показателей совокупности базовых свойств к «параметрическим» возмущениям: содержание совокупности внутренних функций, связи между ними, параметры межфункционального взаимодействия базовых функций: 5.1.Доступность по времени. 5.2.Доступность по стоимости.	1.Коэффициент допустимости по времени -КДВ, при КДВ≤$К^{Б}_{ДВ}$ доступность имеется (1); при КДВ>$К^{Б}$ДВ недоступно (0). Выполняется для каждого элемента 1-8 перечня в отдельности. 2.Коэффициент доступности по стоимости –КД.Ст., при КД.Ст.≤ $К^{Б}_{Д.Ст.}$ возможность имеется (1); при КД.Ст.>$К^{Б}_{Д.Ст.}$. возможности нет (0). Выполняется для каждого базового свойства ПС.	$К^{Б}_{ДВ}$ =1 $К^{Б}_{Д.Ст.}$.=1

	Обобщающий показатель находится в виде: 1.Простая сумма индивидуальных показателей для совокупности внутренних свойств пп. 1-5 или ее отношение к сумме соответствующих базовых показателей («1»). 2.Взвешенная сумма показателей для совокупности внутренних свойств пп. 1-5. Обобщенные показатели находятся для каждой базовой функции в отдельности.		

Причины

отклонения от требуемых значений показателей совокупности базовых свойств производственной системы :

1. Плохое и/или частичное исполнение отдельных внутренних функций в составе рассматриваемой базовой функции и, как следствие, плохое и/или частичное исполнение данной базовой функции (а значит – базового свойства).
2. Несовершенное, неадекватное задаче (ам) содержание отдельных или группы внутренних функций для рассматриваемой базовой функции.
3. Некорректные связи (избыточность или недостаточность или отсутствие) между внутренними функциями.
4. Значительная степень диспропорций при межфункциональном взаимодействии совокупности базовых функций, особенно функций с сильной корреляцией.
5. Высокая чувствительность показателя (ей) базовых свойств ПС к «параметрическим» возмущениям: содержание совокупности внутренних функций, связи между ними, параметры межфункционального взаимодействия базовых функций.

Показатели совокупности внутренних свойств структуры ФСО для всего множества базовых функций.

Таблица № 6

№	Перечень внутренних Свойств	Показатели	
		Факт	База
	Алгоритм и процедуры исполнения совокупности внутренних функций при функционировании базовой функции.		
1	Возможность использования сетевой конструкции (структуры) для отображения (описания) алгоритма и изменения ее конфигурации.	Рейтинговая оценка «Возможности (.)» по шкале: -имеется возможность –1 -не имеется –0; -имеется частично –(q) Выполняется для каждой базовой функции.	«1»
2	Возможность модульного построения элементов структуры алгоритма.	1.Коэффициент модульности алгоритма: $-K^{A}_{мод.}$ Выполняется для каждой базовой функции.	Мак си мум возмо жного
3	Возможность распараллеливания процессов исполнения внутренних функций, операций, задач в составе	1.Коэффициент распараллеливания алгоритма:	Мак

	алгоритма.	$К^{А}_{пар.}$ Выполняется для каждой базовой функции.	си мум возмо жного
4	Возможность отображения структуры и параметров алгоритма в структуру и параметры сетевой программно-вычислительной системы. Данное свойство является производным от внутренних свойств пп. 1-3 алгоритма и пп. 1-3 СПВС.	Рейтинговая оценка «Возможности (.)» по шкале: -имеется возможность –1 -не имеется –0; -имеется частично –(q) Выполняется для каждой базовой функции.	«1»
	Сетевая програмно-вычислительная система (СПВС).		
1	Возможность использования сетевой распределенной конфигурации для вычислительной системы СПВС на основе многопроцессорных компонент и многокомпьютерных (кластерных) подсистем и возможность ее изменения (масштабирования).	Рейтинговая оценка «Возможности (.)» по шкале: -имеется возможность –1 -не имеется –0; -имеется частично –(q) Выполняется	«1»

		для каждой базовой функции.	
2	Возможности модульной организации и построения СПВС.	Рейтинговая оценка «Возможности (.)» по шкале: -имеется возможность –1 -не имеется –0; -имеется частично –(q) Выполняется для каждой базовой функции.	«1»
3	Возможности распараллеливания вычислительных процессов, процессов обмена, передачи, ввода/вывода и иных в СПВС.	Рейтинговая оценка «Возможности (.)» по шкале: -имеется возможность –1 -не имеется –0; -имеется частично –(q) Выполняется для	«1»

		каждой базовой функции.	
	Обобщающий показатель находится отдельно для алгоритма и для СПВС в виде:		
1 2 3	Отношение простой суммы показателей для совокупности внутренних свойств пп. 1-4 алгоритма к сумме соответствующих базовых показателей. Аналогично для СПВС с учетом пп. 1-3. Взвешенная сумма показателей для совокупности внутренних свойств пп. 1-4 алгоритма (или пп. 1-3 СПВС). Находятся такие показатели сначала для каждой базовой функции , а затем Суммируются по всем базовым функциям. В таком виде обобщающий показатель может быть использован в качестве показателя «Гибкость» алгоритма и СПВС.		
1 2 3	Отношение простой суммы показателей для совокупности внутренних свойств пп. 1-4 алгоритма к сумме соответствующих базовых показателей. Аналогично для СПВС с учетом пп. 1-3. Взвешенная сумма показателей для совокупности внутренних свойств пп. 1-4 алгоритма (или пп. 1-3 СПВС). Находятся такие показатели сначала для		

	каждой базовой функции , а затем Суммируются по всем базовым функциям. В таком виде обобщающий показатель может быть использован в качестве показателя «Гибкость» алгоритма и СПВС.		

Определения:

1. Коэффициент модульности алгоритма $K^{A}_{мод.}$ определяется как отношение количества отдельных частей (компонент) в составе базовой функции, оформленных в модульном виде к общему количеству внутренних функций в составе базовой функции.

   Модуль понимается как общая небольшая одинаковая единица (компонента), присутствующая в составе нескольких (многих) внутренних функций, задач, операций, входящих в рассматриваемую базовую функцию.

2. Коэффициент распараллеливания алгоритма $K^{A}_{пар.}$ находится в виде отношения количества элементов (внутренние функции, операции,задачи) алгоритма, которые могут исполняться параллельно (одновременно), к общему количеству внутренних функций (операций, задач) в составе данной базовой функции.

Вышеприведенная совокупность внутренних свойств алгоритма и СПВС (и их показатели) в дальнейшем формируют (создают) совокупность внутренних свойств структуры ФСО в составе :

1. Гибкость алгоритма.
2. Гибкость структуры СПВС.

3. Возможность стображения структуры и параметров алгоритма в структуру и параметры (мощности, пропускные способности) СПВС, которые становятся по сути производными свойствами от совокупности внутренних свойств алгоритма и СПВС.

Аналогично это относится и к соответствующим показателям.

Причем отображения (преобразования) свойств алгоритма и СПВС в свойства структуры ФСО осуществляются аддитивно, включая взвешенную (по значимости свойств) аддитивность. Это значительно упрощает переход от свойств и показателей алгоритма и СПВС к свойствам и показателям структуры ФСО (для совокупности базовых функций).

Вышеприведенные в таблицах № 1 - № 6 шесть групповых свойств и их показатели в дальнейшем необходимо использовать в процедуре формирования базового свойства «Управляемость состояния исполнения внутренних и базовых функций и достижимостью (соответствующих) требуемых базовых свойств для всей их совокупности» и его выходных показателей. Для краткости обозначим данное базовое свойство через: БСВ «Управляемость (.)».

Далее переходим к функциональному обеспечению базового свойства «Управляемость состояния исполнения внутренних и базовых функций и достижимостью требуемых значений базовых свойств для всей их совокупности» и его шести групповых свойств №1 ÷ № 6. Сначала описывается функционально-структурная организация для каждого группового свойства (№1 ÷ №6) в отдельности, а затем формируется и приводится, как итоговая композиция, функционально-структурная организация (на уровне групповых функций – множеств) базовой функции «Обеспечить управляемость состояния исполнения внутренних и базовых функций и достижимостью требуемых значений базовых свойств для всей их совокупности».

Перечень и структура совокупности функций, обеспечивающих групповое свойство (№1) структуры управления.

Перечень № 1 внутренних функций:

1. Обеспечить использование в качестве типовой структуры управления – иерархической (древовидной) структуры, содержащей прямые и обратные (петли) связи между элементами структуры.
2. Обеспечить идентификацию в качестве элементов структуры управления: всех участников (управляющие элементы различных уровней и исполнители) выполнения совокупности внутренних функций для каждой базовой функции и ресурсы, находящиеся в распоряжении управляющих элементов различных уровней.
3. Обеспечить распределение обязанностей осуществлять (оказывать) управляющие воздействия между управляющими элементами различного уровня, ответственными за исполнение каждой внутренней функции и каждой базовой функции.

4. Обеспечить назначение и изменение адресатов приема управляющих воздействий по прямой связи между исполнителями внутренних функций и управляющими элементами различного уровня в соответствии с их подчиненностью для каждой внутренней функции и каждой базовой функции.
5. Обеспечить распределение обязанностей осуществлять передачу информации (по обратной связи) среди исполнителей внутренних функций и управляющих элементов (от нижнего к вышестоящему уровню) для каждой внутренней и базовой функции.
6. Обеспечить назначение и изменение адресатов приема информации по обратной связи из числа исполнителей (внутренняя обратная связь) и управляющих элементов различного уровня в соответствии их подчиненностью (в вышестоящий уровень) для каждой внутренней и базовой функции.
7. Обеспечить распределение участников выполнения совокупности внутренних функций для каждой в отдельности базовой функции по уровням и по ширине (каждого уровня) иерархической структуры управления.
8. Обеспечить распределение обязанностей по распределению, выделению и контролю за использованием ресурсов, включая дополнительные, среди управляющих элементов различного уровня в соответствии с их подчиненностью для каждой базовой функции.
9. Обеспечить образование прямых путей (каналов связи) между определенными управляющими элементами и исполнителями для каждой внутренней и базовой функции.

10. Обеспечить образование обратных связей (каналов обратной связи) от исполнителей, управляющих элементов к управляющим элементам вышестоящего уровня для каждой внутренней и базовой функции.
11. Обеспечить источники в виде резервов для использования в качестве дополнительных ресурсов, необходимых для реализации управляемости процессов.

При выполнении вышеуказанных внутренних функций необходимо соблюдать ряд ограничений (требований, условий), приводимых дополнительно.

Перечень и структура внутренних функций, обеспечивающих групповое свойство (№2) «Управляемость характеристик исполнителей».

Перечень №2 внутренних функций:

1. Обеспечить распределение совокупности внутренних функций для каждой базовой функции между командами исполнителей.
2. Обеспечить распределение совокупности внутренних функций для каждой базовой функции внутри каждой команды исполнителей.
3. Обеспечить распределение количественного и квалификационного состава команды исполнителей в соответствии с выполняемыми внутренними функциями.

4. Обеспечить резервирование дополнительных ресурсов для обучения.
5. Обеспечить разработку расписания (графика) для обучения.
6. Обеспечить выделение (направление) ресурсов (программно-технических, кадровых, информационных, временных, пространственных (помещения), финансовых)) для обучения.
7. Обеспечить подготовку организации процесса обучения.
8. Обеспечить направление управляющих элементов (руководителей различных уровней) и исполнителей на обучение.
9. Обеспечить заинтересованность управляющих элементов и исполнителей в повышении квалификации и переквалификации (набором определенных мер).
10. Обеспечить ответственность каждого управляющего элемента и исполнителя за качество продуктов, услуг.
11. Обеспечить перевод (направление) управляющих элементов и исполнителей в другую команду или другую индивидуальную работу (функции, операции, задачи).
12. Обеспечить руководство, консультирование и иную поддержку после перевода в другую команду или на другую индивидуальную работу.

Перечень и структура внутренних функций, обеспечивающих групповое свойство (№3) «Управляемость характеристик ресурсов».

Перечень №3 внутренних функций:

1. Обеспечить расчет необходимых резервов ресурсов.
2. Обеспечить резервирование ресурсов в заданных объемах и номенклатуре (структуре).
3. Обеспечить контроль за состоянием резервов (ресурсов).
4. Обеспечить допустимость частичного использования производственных мощностей и ресурсов.
5. Обеспечить контроль за состоянием использования производственных мощностей и резервов.
6. Обеспечить замещение ресурсов.
7. Обеспечить контроль за состоянием уровня замещения ресурсов.
8. Обеспечить расчет распределения ресурсов.
9. Обеспечить выделение и целевое использование ресурсов.
10. Обеспечить контроль за состоянием использования ресурсов.

Перечень и структура внутренних функций, обеспечивающих групповое свойство №4 «Наблюдаемость состояния исполнения функций и свойств ПС».

Перечень №4 внутренних функций:

1. Обеспечить методическое (и алгоритмическое) сопровождение оценки, измерения элементов (1-8) перечня (см. приложение к табл. №5.4-4).
2. Обеспечить разработку рабочих методик для прямого измерения и/или косвенной оценки элементов (1-8) перечня.

3. Обеспечить приобретение рабочих методик и программно-вычислительных средств (ПВС), в т.ч. через лицензии, для прямого измерения и/или косвенной оценки элементов (1-8) перечня.
4. Обеспечить разработку и/или приобретение, в т.ч. через лицензии, рабочих методик и необходимых ПВС для оценки, измерения элементов (1-8) перечня, обладающих минимальным временем (оценки, измерения) или удовлетворяющих ограничениям по времени.
5. Обеспечить разработку или приобретение, в т.ч. через лицензии, рабочих методик и ПВС для оценки, измерения элементов (1-8) перечня, обладающих наименьшей или удовлетворяющей ограничениям стоимости.

Перечень и структура внутренних функций, обеспечивающих групповое свойство (№5) «Диагностируемость причин отклонений совокупности базовых свойств ПС».

Перечень №5 внутренних функций:

1. Обеспечить разработку диагностических процедур в рамках структуры ФСО для совокупности базовых функций.
2. Обеспечить разработку и/или приобретение рабочих методик и необходимых программно-вычислительных средств (ПВС) для оценки состояния исполнения внутренних и базовых функций,

параметров межфункциональных взаимодействий и показателей совокупности базовых свойств.

3. Обеспечить выполнение функционально-структурного анализа и функционально-стоимостного анализа для совокупности базовых функций.
4. Обеспечить проведение анализа чувствительности совокупности показателей для каждого базового свойства к «параметрическим» возмущениям.

Перечень и структура совокупности внутренних функций, обеспечивающих групповое свойство (№6) структуры ФСО для совокупности базовых функций.

Перечень №6 внутренних функций:

1. Обеспечить разработку алгоритмов (процедур), описывающих каждую базовую функцию, и их представление в виде сетевой конструкции (конфигурации).
2. Обеспечить в разрабатываемых алгоритмах (процедурах) для каждой базовой функции выделение модулей, параллельное исполнение большинства отдельных операций, внутренних функций.
3. Обеспечить прямое (непосредственное) и адекватное отображение структуры алгоритмов для совокупности базовых функций на структуру имеющейся (или задаваемой) системы СПВС.

4. Обеспечить использование в качестве структуры системы СПВС – современной многопроцессорной или кластерной (многокомпьютерной) архитектуры вычислительных систем.

На основе механизма формирования базового свойства «Управляемость (.)» и вышеприведенных перечней внутренних функций, обеспечивающих шесть групповых свойств, которые составляют ядро для формирования БСВ «Управляемость (.)», можно перейти к формированию функционально-структурной организации для базовой функции «Обеспечить управляемость состояния исполнения внутренних и базовых функций и достижимостью требуемых значений базовых свойств для всей их совокупности» (для краткости будем использовать обозначение БФ «Обеспечить управляемость (.)»

Для этого воспользуемся нижеприведенным перечнем и структурой множеств внутренних функций, обеспечивающих шесть групповых свойств (№1-№6), образующих ядро для БСВ «Управляемость (.)».

Перечень множеств внутренних функций, обеспечивающих групповые свойства №1 - №6.

1. Перечень (множество) внутренних функций, обеспечивающих групповое свойство №1.
2. Перечень (множество) внутренних функций, обеспечивающих групповое свойство №2.

3. Перечень (множество) внутренних функций, обеспечивающих групповое свойство №3.
4. Перечень (множество) внутренних функций, обеспечивающих групповое свойство №4.
5. Перечень (множество) внутренних функций, обеспечивающих групповое свойство №5.
6. Перечень (множество) внутренних функций, обеспечивающих групповое свойство №6.

Отсюда получаем структуру ФСО для базовой функции «Обеспечить управляемость (.)», представленную на уровне множества внутренних функций.

Структура ФСО для базовой функции «Обеспечить управляемость (.)»

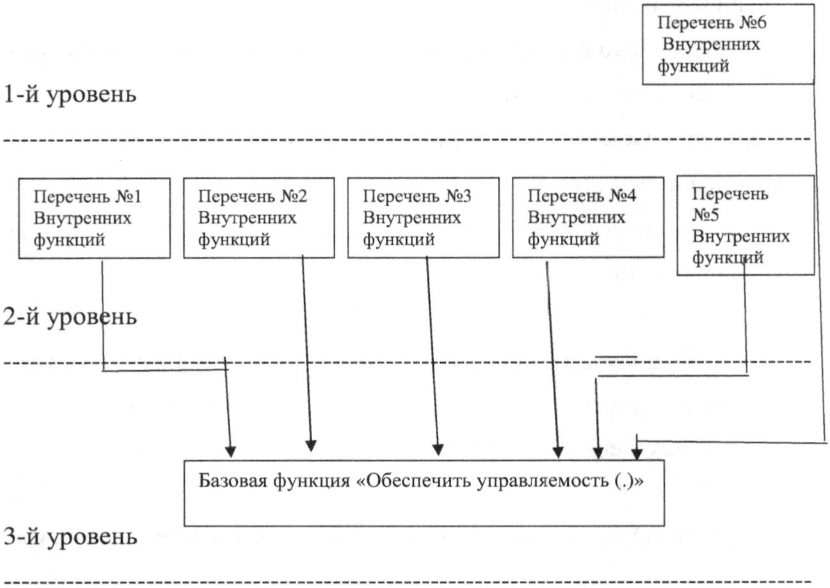

В состав базовой функции «Управляемость (.)» кроме шести вышеприведенных перечней функций включаются функции:

1. Обеспечить наблюдение за состоянием исполнения совокупности внутренних функций в составе базовой функции «Управляемость (.)».

2. Обеспечить оценку результата (качества) функционирования базовой функции «Управляемость (.)».
3. Совокупность вспомогательных функций.

На основе ФСО для БФ «Управляемость (.)» можно последовательность формирования структур ФСО для совокупности базовых функций, структуры управления, подсистемы диагностики и базового свойства «Управляемость (.)» представить в виде многоуровневой структуры, приведенной выше на рисунке. Здесь «уровень» понимается как номер в очередности выполнения функции, совокупности функций, образования, создания свойства.

1-й уровень: Формирование структуры ФСО для совокупности базовых функций, за исключением базовых функций «Управляемость (.)», «Устойчивость (.)», «Низкая чувствительность (.)».

Здесь же формируется структура множества внутренних функций обеспечивающих групповое свойство №6 (перечень №6 внутренних функций).

2-й уровень: Формирование базовой функции «Обеспечить управляемость (.)» и базового свойства «Управляемость (.)».

3-й уровень: Формирование структуры управления, включая множества внутренних функций, обеспечивающих групповые свойства №1-№5 (перечни №1-№5 внутренних функций).

Здесь же формируется подсистема диагностики

(перечень №5 внутренних функций).

Система управления и механизм управления процессами исполнения совокупности внутренних и базовых функций ПС.

Основные понятия и элементы системы управления.

1. **1.** Объект управления – функционально-структурная организация (ФСО) для совокупности базовых функций.
2. **2.** Управляемые переменные – состояние исполнения совокупности базовых функций, которое можно оценить путем оценки:
   1. Состояния исполнения совокупности внутренних функций для каждой базовой функции;
   2. Состояния совокупности показателей для каждого базового свойства.
3. **3.** Процессы исполнения совокупности внутренних функций для каждой базовой функции представляют собой упорядоченную в пространстве и времени совокупность действий, операций, выполняемую командами, состоящими из руководителей (управляющих элементов) и исполнителей (инженеры, техники,служащие, рабочие), с использованием определенного объема ресурсов, включая технические средства производства, программно-вычислительные комплексы, знания,

информационные ресурсы, человеческие ресурсы и др.,

в рамках имеющейся (заданной) организационной структуры ФСО для каждой базовой функции.

4.Функционально-структурная организация для обеспечения базового свойства «Управляемость состояния исполнения внутренних и базовых функций и достижимостью требуемых значений базовых свойств для всей их совокупности» (кратко: БСВ «Управляемость (.)»).

ФСО для БСВ «Управляемость (.)» обеспечивает изначально саму возможность управлять (объектом управления) процессами исполнения совокупности внутренних и базовых функций и возможность достигать при этом требуемых значений для показателей совокупности базовых свойств.

5. Структура управления представляет собой структуру (состав элементов и связи между ними), в рамках которой осуществляется взаимодействие между управляющей подсистемой, управляющими элементами (УЭ), исполнителями и ресурсами. Чаще всего она представляется иерархической структурой.

6.Управляющие элементы являются субъектами управления, которые принимают управляющие воздействия от вышестоящего УЭ, и трансформируют его, передают нижестоящим УЭ и/или непосредственно исполнителям (внутренних функций, операций, задач, заданий) и используют при этом ресурсы, находящиеся в их распоряжении.

7.Процессы управления представляют собой процессы исполнения функций управления (из перечня), которые осуществляются (реализуются) в структуре управления.

Управление – непрерывный управленческий процесс, реализуемый в структуре управления при условии наличия ресурсов, информации о состоянии объекта управления и субъектов управления (для организационных систем) и использующих знание функционально- структурной организации объекта управления и правил (алгоритма) выработки и принятия решений.

8. Управляющие воздействия (УВ) осуществляются по отношению к субъектам управления (они же исполнители внутренних функций, операций, задач, заданий), ресурсам и к организационной структуре (ФСО) в виде различных действий, операций, включающих в себя: выдача заданий для исполнения субъектами управления (одним или группой), выдача заданий на распределение, перераспределение, выделение и использование ресурсов, включая человеческие ресурсы (в т.ч. квалификация), задания на изменение состава продуктов, задания по экономии ресурсов, снижению издержек, задания по укреплению исполнительной дисциплины , задания по повышению качества продуктов, меры принуждения, наказания, меры стимулирования, поощрения и др.

9. Результатом процесса исполнения совокупности внутренних функций для каждой базовой функции может быть:

9.1 Определенные значения переменных состояния исполнения совокупности внутренних функций выраженное в виде матрицы

$[Ф^{к}_{Бф}]$, к= 1,2,...

9.2 Определенные значения показателей состояния исполнения совокупности внутренних функций, выраженное в виде

матрицы показателей степени исполнения совокупности внутренних функций –

$\lfloor \overline{С}\overline{И}^{К}_{БФ} \rfloor$, к= 1,2,...

соответствующего показателя качества функционирования базовой функции.

9.3. Определенные значения показателей базового свойства, соответствующего базовой функции -

$\{\bar{П}^{к}_{БСВ}\}$, к=1,2,...

10. Изменять процессы и результат исполнения совокупности внутренних функций для каждой базовой функции можно путем воздействия на:

10.1. Всех основных исполнителей внутренних функций, членов каждой команды (как на субъекты управления);

10.2. Объемы и структуру используемых ресурсов, включая дополнительные (для целей управления);

10.3. Имеющуюся организационную структуру.

11. Целенаправленно изменять процессы и результат исполнения совокупности внутренних функций для каждой базовой функции означает изменение на заданную величину «Δ» следующих элементов:

11.1. Переменных состояния исполнения совокупности внутренних функций в виде составляющих матрицы :

$$\lfloor \Delta\overline{\Phi}^{K}_{Б\Phi} \rfloor, \ к=1,2,\ldots$$

11.2. Показателей степени исполнения совокупности внутренних функций в виде составляющих матриц:

$$\lfloor \Delta\overline{C}\overline{И}^{K}_{Б\Phi} \rfloor, \ к=1,2,\ldots$$

11.3. Показателей базового свойства, соответствующего базовой функции, в виде составляющих вектора:

$$\lfloor \Delta\overline{\Pi}^{K}_{БСВ} \rfloor, \ к=1,2,\ldots$$

12. Силу и направление управляющего воздействия, изменяющего результат исполнения совокупности внутренних функций для каждой базовой функции на требуемую величину, можно определять следующим образом:

12.1. Сила и направление управляющего воздействия на основных исполнителей должна быть эквивалентной (по количеству, объему) совокупности неисполненных и/или частично исполненных действий, операций, функций, касающихся всех основных исполнителей, а направление – обязать исполнить невыполненные, частично выполненные, ошибочно исполненные действия, операции, функции.

12.2. Сила и направление управляющего воздействия на объемы и структуру используемых ресурсов должна быть эквивалентной объему дополнительных ресурсов, требующихся для ускорения темпа выполнения неисполненных и/или частично исполненных действий, операций, функций, исправления ошибочных действий, операций.

12.3. Сила и направление управляющего воздействия на

организационную структуру (точнее функционально-структурную организацию) могут быть найдены только как результат детального функционально-структурного и функционально-стоимостного анализа и последующей диагностики имеющейся конкретной организационной структуры и ее главного внутреннего свойства «Функциональная организованность». При этом УВ должно быть эквивалентным требуемой величине изменения показателей рассматриваемого базового свойства.

13. Механизм управления, как процедура (алгоритм, правила) выработки и принятия решений, их исполнения и контроля за адекватностью исполнения, можно представить в виде упорядоченной совокупности действий, операций, функций, направленных на достижение поставленных целей, задач, осуществляемых на основе принятого подхода, метода (способа (ов)) управления и соответствующих процедур (правил) выработки и принятия решений в рамках созданной структуры управления, с использованием необходимых ресурсов, включая информационные, человеческие ресурсы и знания.

14. Система управления (СУ) процессами исполнения совокупности внутренних и базовых функций ПС:

- содержит объект управления (как процессы исполнения множества внутренних и базовых функций), управляющую подсистему (регулирующее устройство), в которой вырабатываются управляющие воздействия на основе принятых процедур, алгоритмов, правил выработки и принятия решений и информации о состоянии процессов исполнения совокупности внутренних и базовых функций ПС и состоянии ресурсов, совокупность субъектов управления (как исполнителей внутренних функций и одновременно управляющих воздействий), каналы для передачи управляющих воздействий (прямая связь) и информации об их исполнении (обратная связь) и ресурсы.

Используя вышеприведенные основные понятия и определения, процедуру синтеза (построения, расчета) системы управления (механизма управления) объектом (производственная система (ПС)) представим в виде следующей последовательности выполнения этапов.

Полагается известной (заданной) ФСО для совокупности базовых функций ПС, как объект управления.

1-й этап- определяются цели, задачи, стратегия и критерий достижения целей, исходя из требований различных групп потребителей различных свойств ПС.

2-й этап- обосновываются и принимаются подход, способы и методы управления объектом.

3-й этап- разрабатываются процедуры, алгоритмы, правила выработки и принятия решений, для последующей реализации в управляющей подсистеме.

4-й этап- разрабатывается и реализуется ФСО для БСВ «Управляемость состояния исполнения внутренних и базовых функций и достижимостью требуемых значений базовых свойств для всей их совокупности».

5-й этап- разрабатываются структуры управления.

6-й этап- разрабатывается и реализуется совокупность алгоритмов расчета оптимальных организации и управления процессами исполнения совокупности базовых функций, включая технологический процесс производства продукции, оказания услуг.

7-й этап- разрабатывается состав функций управления для последующей реализации в процессах управления.

8-й этап- разрабатываются и создаются подсистемы, реализующие совокупности функций управления, в составе:

1.Подсистема наблюдения.

2.Подсистема диагностики.

3.Подсистема связи.

4.Подсистема анализа и прогноза состояния внешней среды.

9-й этап- разрабатывается и создается подсистема управления процессами совершенствования (изменения) ФСО для совокупности базовых функций ПС.

Перечень (состав) функций управления.

1. Функции прогноза и оценки состояния внешней среды.
2. Расчетные функции (оптимизационные расчеты).
3. Функции выработки и принятия решений.

4. Функции назначения (формирования) субъектов управления с необходимой квалификацией.
5. Функции наблюдения (контроля, оценки состояния различных переменных, параметров и показателей).
6. Функции анализа (процессов функционирования ПС).
7. Функции диагностики причин отклонения состояния показателей совокупности базовых свойств от требуемых значений.
8. Функции расчета управляющих (корректирующих) воздействий.
9. Функции формирования заданий (задач) исполнителям различных уровней.
10. Функции реализации управляющих воздействий.
11. Функции формирования заданий по распределению и перераспределению ресурсов, выдачи указаний на выделение и использование ресурсов.
12. Стимулирующие функции (поощрения, принуждения, наказания).
13. Функции выбора (принятия решений) алгоритма, процедуры, правила, необходимого по результатам диагностики.
14. Функции разработки и накопления базы знаний, содержащей процедуры, алгоритмы, правила принятия решений (управления) для различных ситуаций.
15. Функции модификации процедур, алгоритмов, правил принятия решений (управления).

3.4.2. Устойчивость и низкая чувствительность.

Базовое свойство ФСО (ПС) «Устойчивость функциональных возможностей ФСО (ПС) и качества их функционирования» рассматривается как устойчивость к внешним возмущениям, воздействиям факторов внешней среды.

Данное свойство означает способность сохранять по истечении заданного времени неизменными или в допустимых пределах после колебаний, вызванных внешними возмущениями, функциональные возможности, определенные свойством «Функциональная организованность ФСО», и качество их функционирования при воздействии в течении некоторого периода времени одного или совокупности факторов внешней среды, сила и интенсивность которых ограничены заданными значениями. Наличие такого свойства приводит к стабильности основных потребительных свойств ПС в целом при наличии воздействий факторов внешней среды.

Устойчивость функциональных возможностей и качества их функционирования ФСО (ПС) к внешним возмущениям достигается за счет функционально-структурной организации и управления ПС, прежде всего путем: использования механизма обратной связи, возможностей контроля и наблюдения за определенной совокупностью факторов внешней среды, переменных (ресурсы и продукты), параметров и показателей (включая критерии), возможностей диагностики причин изменения показателей ПС, а также путем применения регулирующих воздействий, направленных на компенсацию действия (негативного эффекта от) внешних возмущений, управления процессами исполнения внутренних функций ФСО (для совокупности базовых функций).

Показатели базового свойства «Устойчивость функциональных возможностей ФСО (ПС) и качества их функционирования» следует задавать исходя из того, что функциональные возможности и качество их функционирования в конечном счете проявляются через значения показателей совокупности базовых свойств ФСО, Управления, технологического процесса, свойств продуктов и услуг.

Это становится очевидным, если рассмотреть процесс формирования базовых свойств ПС и их показателей, который можно, представить в виде:

- функциональные возможности ФСО (ПС) → совокупность основных функций → качество их функционирования → совокупность базовых свойств → множество единичных и/или групповых показателей базовых свойств.

Поэтому в качестве показателей устойчивости функциональных возможностей ФСО (ПС) и качества их функционирования можно использовать совокупность доступных для наблюдения показателей и характеристик четырех основных групп базовых свойств: технологического процесса изготовления продуктов и оказания услуг, функционально-структурной организации ПС, системы управления ПС, производимых ПС продуктов и услуг. Конкретные наименования и содержание таких показателей приведены в соответствующих разделах.

Свидетельством или подтверждением наличия в ФСО (ПС) свойства «Устойчивость (.)» служат результаты проверки соблюдения одного и/или двухсторонних неравенств (соотношений) между допустимыми (заданными) и фактическими изменениями показателей и характеристик по всей совокупности базовых свойств, вызванных действием внешних факторов на ПС.

Такие соотношения в общем виде можно изобразить как систему неравенств:

$$\Delta^{1к}_j \leq \Delta П^к_j \leq \Delta^{2к}_j,\ j=1\ldots q^к_*,\ к=1,\ldots L_*,$$

где: $П^к_j$ – j-й показатель и/или характеристика к-го базового свойства;

$q^к_*$ - общее количество рассматриваемых показателей и/или характеристик для к-го базового свойства;

L_* - общее количество рассматриваемых базовых свойств ПС;

$\Delta П^к_j$ – фактические изменения j-го показателя к-го базового свойства, вызванные действием внешних факторов;

$\Delta^{1к}_j$, $\Delta^{2к}_j$ – нижнее и верхнее допустимые (заданные) значения для изменения j-го показателя и/или характеристики к-го базового свойства ПС.

Для отдельных показателей и/или характеристик будут иметь место односторонние (только снизу или только сверху) ограничения.

Чем меньше величины допустимых изменений рассматриваемого множества показателей и характеристик, тем выше требования к устойчивости функциональных возможностей ФСО (ПС) и качества их функционирования.

Таким образом можно оценивать состояние свойства «Устойчивость функциональных возможностей ФСО (ПС) и качества их функционирования».

Данное свойство относится к очень важным, так как характеризует способности основных элементов ПС: ФСО, Управления и ТП, иметь стабильные характеристики, которые, в свою очередь, делают стабильными потребительные свойства (качество) выпускаемых ПС продуктов, оказываемых услуг, а также формируют свойства: жизнеспособность ПС, конкурентное преимущество фирмы в долгосрочном периоде и гарантируемость стабильности качества ПС и ее продуктов.

Базовое свойство ФСО (ПС) «Низкая чувствительность функциональных возможностей ФСО (ПС) и качества их функционирования» рассматривается как низкая чувствительность к «параметрическим возмущениям» (воздействиям внутренней среды ПС).

Данное свойство означает способность незначительно изменять характеристики качества функционирования в рамках функциональных возможностей, определенных внутренним свойством «Функциональная организованность ФСО (ПС)», при «параметрических возмущениях», т.е. при отклонениях параметров от расчетных (номинальных) значений в заданных пределах.

Понятие «незначительно» изменять характеристики качества функционирования означает изменения в пределах допустимого (по каким-либо основаниям).

Здесь под параметрами подразумеваются параметры элементов затрат, выручки от продаж, активов, пассивов и другие.

Наличие такого свойства ФСО (ПС) приводит (обеспечивает) к стабильности основных потребительных свойств (качества) ПС в условиях нестабильности параметрических возмущений в ПС.

Низкая чувствительность функциональных возможностей и качества их функционирования к параметрическим возмущениям достигается за счет функционально- структурной организации и управления ПС, включая механизмы обратной связи, контроля и наблюдения за параметрами, диагностики причин изменения параметров, корректирующих воздействий для компенсации негативного эффекта от параметрических возмущений, управления процессами исполнения внутренних функций ФСО (для всей совокупности базовых функций).

В качестве показателей и характеристик чувствительности функциональных возможностей ФСО и качества их функционирования можно использовать, как и в случае технологического процесса (см. выше), доступные для наблюдения следующие величины:

1. Чувствительность j-го показателя и/или характеристики к-го базового свойства к изменениям i-го параметра ТП, ФСО, системы управления.

Находится данный показатель в виде либо частной производной $\partial П_j/\partial a_i$ (если известна функциональная зависимость $П_j(a_i)$), либо в виде конечной разности $\Delta П_j/\Delta a_i$ (при неизвестной функциональной зависимости, что чаще всего имеет место на практике, но при известной таблице связи изменений $\Delta П_j$ и Δa_i), для рассматриваемого множества показателей совокупности базовых свойств ПС.

При этом следует учитывать, что частные производные и конечные разности находятся в точке (накопленное текущее значение аргументов или функций), а изменение Δa_i должно быть достаточно малой величиной для всех i.

2. Величина изменения (от расчетного значения) j-го показателя, вызванного отклонениями (от расчетных, номинальных значений) групп значимых параметров, находится в виде:

$$\Delta П_j = \sum_{i=1}^{Q^*} \frac{\Delta П_j}{\Delta a_i} \cdot \delta a_i$$

При этом учитываются в составе Q^* те параметры, от которых существенно зависит j-й показатель $П_j$ и которые образуют группу независимых между собой параметров.

Оба свойства «Устойчивость функциональных возможностей ФСО (ПС) и качества их функционирования» и «Низкая чувствительность функциональных возможностей ФСО (ПС) и качества их функционирования»: означают способность (возможность) обеспечить незначительные изменения функциональных возможностей (совокупность базовых функций) и качества их исполнения при изменениях в заданных пределах параметров (факторов) внешней и внутренней среды.

Способность (возможность) такая складывается (определяется) из следующих составляющих:

1. Возможность изменять (управлять) состояние исполнения всей совокупности внутренних и базовых функций и свойств посредством использования способа управления, заключающегося в компенсации отрицательного эффекта от внешних и внутренних возмущений, воздействий факторов.
2. Возможность создавать (формировать) структуру системы управления с многократным охватом обратными связями объекта управления (процессы исполнения совокупности внутренних и базовых функций и формирования базовых свойств).
3. Возможность организовывать в структуре управления прямые и обратные связи между управляющими элементами и исполнителями, ресурсами для всех исполнителей совокупности внутренних функций для всего множества базовых функций.
4. Возможность наблюдения (измерения, оценки, контроля) за переменными и показателями состояния исполнения совокупности внутренних функций для всего множества базовых функций, за параметрами межфункционального взаимодействия, за переменными состояния ресурсов и продуктов, за совокупностью показателей внутренних и базовых свойств.
5. Возможность изменять структуру (содержание элементов и связи) ФСО для всего множества базовых функций.
6. Возможность изменять характеристики исполнителей и ресурсов.

Необходимо отметить, что все возмущения (внешние и внутренние) имеют возможность изменять переменные состояния, выходные переменные, параметры, показатели ПС, причем чаще всего в сторону ухудшения. А управление (управляющие воздействия) при наличии возможности должно изменять переменные, параметры, показатели ПС в сторону, противоположную эффекту от возмущений, и, таким образом, уменьшать или полностью компенсировать отрицательный эффект от возмущений. Подчеркнем – при наличии возможности.

Возможность такая достигается за счет структурных решений для ФСО технологического процесса и для ФСО ПС в целом. Необходимые структурные изменения (решения) находятся после выполнения функционально-структурного и функционально-стоимостного анализа и диагностики для имеющейся на фирме ФСО.

Однако общий подход здесь должен заключаться в использовании механизма обратной связи, который охватывает все процессы функционирования совокупности внутренних и базовых функций замкнутыми многоярусными петлями в направлении от выходов ко входам ПС. Такие многоярусные петли, функционирующие по отклонению переменных состояния, выходных переменных, параметров и показателей, приводят (обеспечивают) к желаемому результату – снижение чувствительности и усиление устойчивости переменных, параметров, показателей по отношению к внешним и внутренним возмущениям.

Типовая структура системы управления в этом случае может быть представлена в виде связного направленного графа (см. рисунок), где через ОУ обозначен объект управления.

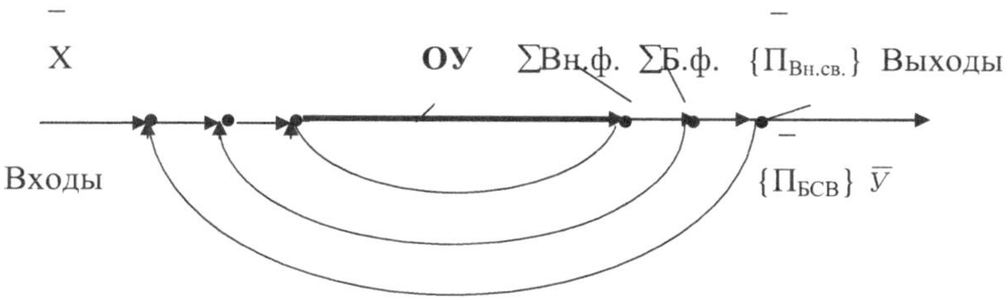

Рассмотрим теперь шесть вышеуказанных составляющих, при наличии которых достигаются возможности, определяемые свойствами «Устойчивость (.)» и «Низкая чувствительность (.)». Если внимательно их проанализировать, то нетрудно заметить, что все они, кроме п.2, обеспечивают достижение базового свойства ПС «Управляемость состояния исполнения внутренних и базовых функций и достижимостью требуемых значений базовых свойств для всей их совокупности».

Отсюда можно сделать вывод о том, что базовые свойства ФСО (ПС): «Устойчивость функциональных возможностей ФСО (ПС) и качества их функционирования» и «Низкая чувствительность функциональных возможностей ФСО (ПС) и качества их функционирования», являются свойствами, производными от базового свойства ПС «Управляемость (.)», но при условии добавления «Возможности создавать (формировать) структуру системы управления с многократным охватом обратными связями объекта управления (процессы исполнения совокупности внутренних и базовых функций и формирования базовых свойств)» (из пп.2). Возможность из пп.2 может быть реализована на структурном уровне.

Производность (зависимость) свойств «Устойчивость (.)» и «Низкая чувствительность (.)» от базового свойства «Управляемость (.)» означает, что функциональное обеспечение и реализующие его структуры, полученные выше для достижения базового свойства «Управляемость (.)», могут быть учтены как элементы, обеспечивающие также и свойства «Устойчивость (.)» , «Низкая чувствительность (.)» с условием добавления «Возможности создавать структуру системы управления с многократным охватом обратными связями объекта управления (процессы функционирования и формирования базовых свойств ПС)».

Раздел 4. Интегральные производные свойства производственных систем.

Выше производные интегрированные свойства производственной системы были определены в следующем составе:

1-Пр. Конкурентоспособность ПС (фирмы).

2-Пр. Конкурентные преимущества ПС (фирмы) на длительном периоде.

3-Пр. Жизнеспособность ПС (фирмы).

4-Пр. Способность гарантировать качество функционирования совокупности базовых функций ПС в целом.

В данном разделе будут приведены и показаны обоснования механизма образования этих производных свойств, даны соответствующие разъяснения, которые помогут глубже разобраться и понять процессы формирования производных свойств.

Рассмотрим первое производное свойство «Конкурентоспособность ПС (фирмы)». Понятие «конкурентоспособность фирмы (КСПФ)» гораздо сложнее, чем понятие конкурентоспособность продукта, и трактуется многими неоднозначно. В общем виде КСПФ можно определить как ее сравнительное преимущество по отношению к другим фирмам данной отрасли по аналогичным продуктам, сегментам рынка и фазам жизненного цикла продукта(ов). При этом отрасль может рассматриваться как внутри страны, так и за ее пределами.

Конкурентоспособность фирмы отражает в себе продуктивность использования ресурсов, поэтому для обеспечения и поддержания КСПФ необходимо постоянно заботиться о наиболее полном и эффективном использовании всех видов ресурсов, как имеющихся, на фирме, так и приобретаемых для будущего применения.

Конкурентоспособность фирмы – понятие относительное, это свойство может быть объективно оценено только при рассмотрении группы фирм с идентичными товарами, сегментами рынка, фазами жизненного цикла продукта(ов) в пределах одной страны, нескольких стран или на мировых рынках.

Оценка степени конкурентоспособности фирмы по сравнению с другими фирмами представляет собой довольно сложную задачу, сложность которой обусловлена проблемами выбора фирмы для сравнения, выбора перечня параметров для сравнения, выбора критериев продуктивности использования ресурсов фирмы, проблемы наблюдения и оценки состояния рынка внутри и особенно за пределами страны. Степень конкурентоспособности фирмы сегодня может проявляться не в максимальной продуктивности и эффективности использования ресурсов, а в более интенсивном привлечении покупателей, в более динамичном процессе формирования имиджа, благоприятного образа фирмы в глазах общественности и групп стратегического влияния с тем, чтобы создать трамплин для получения максимальных прибылей в долгосрочной перспективе.

Поэтому конкурентное преимущество фирмы должно оцениваться за длительный период, когда могут быть достигнуты стратегические цели фирмы.

Конкурентное преимущество фирмы (КПФ) возникает за счет снижения издержек и дифференциации продуктов, что, в свою очередь, обеспечивается повышением продуктивности использования ресурсов, а отсюда ростом эффективности использования ресурсов. Причем увеличение продуктивности использования ресурсов и последующее снижение издержек рассматривается по отношению к фирмам-конкурентам.

Уровень конкурентного преимущества фирмы может оцениваться в виде отношения рентабельности производства рассматриваемой фирмы к ее значению у фирмы – лидера, исчисленному за длительную – стратегическую перспективу.

Для поддержания уровня КПФ фирма должна постоянно осуществлять инвестиции в развитие своего стратегического потенциала, а также в меры, обеспечивающие адаптацию фирмы к условиям, формируемым так называемыми «детерминантами «национального ромба».Эффект таких инвестиций будет тем выше, чем выше степень удовлетворения требований потребителей к продуктам фирмы в стратегической перспективе.

Таким образом, конкурентное преимущество фирмы определяется прежде всего соотношением продуктивности использования ресурсов на фирме и базовой продуктивности у фирмы-лидера. Показатель продуктивности использования ресурсов разными авторами определяется по разному. Например И.Ансофф определяет его как рентабельность стратегических капиталовложений, откорректированную на степень «оптимальности» стратегии фирмы и степень соответствия потенциала фирмы этой «оптимальной» стратегии. Другие авторы используют другие подходы и оценки.

Главным фактором при рассмотрении свойств КСПФ и КПФ является то, что их высокий уровень достигается за счет следующих основных причин: высокая продуктивность использования ресурсов и высокая эффективность использования совокупности ресурсов, а также высокая эффективность использования активов и капитала.

Поэтому свойства КСПФ и КПФ являются производными свойствами от базовых свойств ПС, и прежде всего от: «Оптимальность ТП» (и производное от него свойство «Продуктивность использования ресурсов»), «ЭИР», «ЭИА» и «ЭИК».

А это означает, что если мы обеспечиваем достижение значений показателей базовых свойств ПС: «Оптимальность ТП», ЭИР, ЭИА, ЭИК, найденных исходя из требований к уровню свойств КСПФ и КПФ, то при этом одновременно обеспечивается соответствующий (заданный) уровень важных для ПС и потребителей свойств – конкурентоспособность фирмы и ее конкурентное преимущество в долгосрочной перспективе.

Теперь рассмотрим производное свойство «Жизнеспособность ПС (фирмы)», которое можно определить как способность ПС противостоять ударам конкурентных сил, негативным воздействием факторов внешней и внутренней среды в долгосрочном периоде.

Близким к данному свойству в некотором смысле может стать свойство «Выживаемость на долгосрочном периоде». Данное свойство (по сути это две формулировки одного и того же свойства) чрезвычайно важно для достижения успеха при антикризисном управлении фирмой как в узком так и в широком смысле.

Одним из индикаторов свойства «Жизнеспособность фирмы» служит рост денежного дохода от продаж производимых продуктов фирмы на длительном периоде.

Если мы рассмотрим содержание базового свойства «Управляемость состояния исполнения внутренних и базовых функций и достижимостью требуемых значений базовых свойств для всей их совокупности» и производных от него свойств: «Устойчивость функциональных возможностей и качества их функционирования к факторам внешней среды» и «Низкая чувствительность функциональных возможностей и качества их функционирования к изменениям параметров внутренней среды ПС», то нетрудно убедиться в том, что последние два (производные) свойства обеспечивают достижение свойства «Жизнеспособность ПС (фирмы)», а по этому свойство «Жизнеспособность ПС (фирмы)» представляется как производное свойство от базового свойства «Управляемость (.)».

Поэтому для достижения заданного свойства «Жизнеспособность ПС» требуется обеспечить соответствующий уровень базового свойства «Управляемость (.)».

И наконец, рассмотрим производное интегрированное свойство «Способность гарантировать качество функционирования (процессов исполнения) совокупности базовых функций» (кратко: «СГКФБФ»).

Данное свойство будет достигаться, если предварительно будет создана, обеспечена следующая группа базовых свойств ПС:

1. Управляемость состояния исполнения внутренних и базовых функций и достижимостью требуемых значений базовых свойств для всей их совокупности.
2. Устойчивость функциональных возможностей и качества их функционирования к факторам внешней среды.
3. Низкая чувствительность функциональных возможностей и качества их функционирования к изменениям параметров внутренней среды ПС.
4. Возможность оценки состояния и степени исполнения внутренних и базовых функций и качества функционирования базовых функций.

Как выше было сказано, базовые свойства «Устойчивость (.)» и «Низкая чувствительность (.)» являются производными свойствами от базового свойства «Управляемость (.)». А свойство «Возможность оценки состояния и степени исполнения внутренних и базовых функций и качества функционирования базовых функций», как несложно показать, является составной частью группового свойства «Наблюдаемость состояния исполнения функций и свойств ПС», которое на ряду с другими шестью групповыми свойствами формирует, обеспечивает достижение базового свойства «Управляемость (.)».

Отсюда можно сделать очевидный вывод, что свойство «СГКФБФ» обеспечивается, если будут предварительно достигнуты два исходных свойства:

1. Базовое свойство «Управляемость (.)»;
2. Групповое свойство «Наблюдаемость состояния исполнения функций и свойств ПС», и два важных свойства, производных от базового свойства «Управляемость (.)».

Способность гарантировать качество функционирования совокупности базовых функций означает возможность достижения требуемого уровня и поддержания на достигнутом уровне качества функционирования совокупности базовых функций при наличии возмущений, воздействий факторов внутренней и внешней среды ПС. А поскольку заданное качество функционирования совокупности базовых функций обеспечивает достижение требуемых значений показателей совокупности базовых свойств ПС, т.е. качества ПС в целом, то способность гарантировать качество функционирования совокупности базовых функций означает способность гарантировать качество ПС в целом и стабильность качества ПС, включая качество производимых продуктов и услуг. Стабильность качества функционирования базовых функций и качества ПС в целом обеспечивается при достижении требуемого уровня базовых свойств «Устойчивость (.)» и «Низкая чувствительность (.)».

Таким образом, достижение в ПС базовых свойств «Управляемость (.)», «Устойчивость (.)», «Низкая чувствительность (.)» гарантирует, как следствие от этих свойств, способность фирмы (ПС) достигать заданный уровень качеств ПС в целом, включая качество производимых ею продуктов и услуг, и обеспечить стабильность достигнутого уровня качества ПС, включая качество ее продуктов, услуг.

Подтверждение именно такой способности требуется от фирм при сертификации на соответствие международному стандарту ИСО-9000 и его последующим модификациям (ИСО-9001, 9002, 9003, 9004, ИСО-9000-2008),соответствие, которое сегодня стало пропуском для доступа на международные рынки товаров и услуг.

Поэтому достижение базовых свойств ПС: «Управляемость (.)», «Устойчивость (.)», «Низкая чувствительность (.)», позволит одновременно решить задачу подготовки к сертификации на соответствие международному стандарту ИСО-9000-2008 и позволит успешно с этой задачей справиться.

Следует также коротко упомянуть о следующих свойствах системы управления («Управление» ПС), которые вытекают, являются производными от совокупности (из шести) внутренних групповых свойств, обеспечивающих базовое свойство «Управляемость состояния исполнения внутренних и базовых функций и достижимостью требуемых значений базовых свойств для всей их совокупности».

Шесть упомянутых групповых свойств включают в себя свойства: структуры и управления, управляемость характеристик исполнителей и ресурсов, наблюдаемость (.), диагностируемость (.), структуры ФСО (для совокупности базовых функций).

Первичными производными от этих свойств являются свойства:

1. Реактивность управления;
2. Производительность управления;

3. Эффективность управления,
которые совместно образуют свойство – «Качество управления», весьма важное для менеджмента организации, ПС и для основных групп потребителей ПС (фирмы) в целом.

Раздел 5. Механизм создания потенциальных возможностей для решения задач управления персоналом.

5.1.Обоснование используемого подхода.

Как известно , затраты на обеспечение деятельности административных подразделений производственной системы составляют до 40 % от общих затрат производственной системы в целом.В состав административных подразделений входят ключевые функциональные службы :
служба управления персоналом ;планово-финансовая служба,включая бухгалтерию ; служба маркетинга,сбыта и снабжения (полагаем,что информационные функции входят в состав деловых функций в каждой из указанных служб).
При этом от результатов деятельности каждого в отдельности административныого подразделения и от результатов их

взаимодействия существенно,критически значимо зависят результаты и показатели деятельности производственной системы в целом.

В дальнейшем будем применять с целью упрощения текста словосочетание «производственная система»,подразумевая,что сюда также относятся названия -компания, организация,хотя это и не всегда равнозначные понятия.

Поэтому в производственных системах серьезное внимание уделяют решению задач совершенствования бизнес-процессов в административных подразделениях .

При этом часто принимаются известные и формально правильные меры : разрабатываются, придается фирменный статус положениям о подразделении (службе), должностные инструкции,иные документы, устанавливающие правила осуществления деятельности,нормативы и т.п.Однако,должного эффекта в производственной системе часто не наблюдается.

Тогда руководство производственной системы принимает решение об организационных изменениях с целью устранения недостатков в работе административных подразделений (ключевых функциональных службах). При этом рассматриваются и воздействуют на те факторы,причины,которые лежат на поверхности : сокращают количество деловых функций в службах; убирают дублирующие деловые функции ; изменяют содержание отдельных деловых функций и таким образом достигают некоторого снижения издержек деятельности функциональных служб в основном за счет сокращения штатов.

Целями,задачами совершенствования деятельности административных подразделений (служб) часто выступают следующие : снизить избыточность деловых функций в службах, устранить дублирование деловых функций и за счет этого снизить издержки деятельности служб,повысить ответственность служб и их руководителей за принимаемые решения, повысить адэкватность принимаемых решений в службах сложившейся ситуации,повысить реактивность принятия решений и выполнения необходимых действий в службах,особенно при изменении внутренних или внешних условий.Кроме этого очевидной целью является упростить, удешевить,ускорить и добиться эффективности процесса организационных изменений в службах.

Но достигнуть такие цели невозможно за счет поверхностных решений, приведенных выше, по следующим причинам.
Исходные причины недостатков в деятельности административных подразделений (служб) находятся внутри процессов исполнения деловых функций в службах и процессов взаимолдействия служб.Именно от этих внутренних причин зависят : степень результативности (относительно требуемых результатов) исполнения деловых функций в службе(ах) ;степень соблюдеия сроков (относительно требуемых) получения необходимых результатов исполнения деловых функций в службе(ах) ;издержки на выполнение деловых функций в службах ; добавочные издержки на устранение последствий ошибок в деятельности отдельной(ых) службы (служб) ;реактивность-скорость реакции служб и их руководителей на

управляющие воздействия от вышестоящих менеджеров,на изменения условий внутренней или внешней среды.

Однако,на практике в деятельности многих российских компаний процессы исполнения деловых функций в административных подразделениях (службах) и процессы взаимодействия служб детально (изнутри) не рассматриваются по следующим причинам.

Во многих научных публикациях,монографиях,учебных пособиях по управлению персоналом производственных систем рассматриваются вопросы управления персоналом на уровне стратегии, подходов, политик, методов,редко используется функциональный подход , причем часто отождествляются существенно разные понятия :задача и функция.
Но практически не рассматриваются,не решаются задачи, каким образом достигать цели,каков процесс достижения целей и решения задач управления персоналом, как создавать потенциальные возможности достигать цели и решать задачи управления персоналом.

При исследовании,анализе способов решения задач управления персоналом производственной системы,при реорганизации ПС с целью совершенствовавния деятельности административных служб в принципе возможно применение современных методологий моделирования бизнес-процессов и поддерживающих их программных систем.В развитых странах известно и применяется целое семейство методологий, поддерживаемых инструментальными средствами (программно-технические системы),которые позволяют решать задачи моделирования бизнес-процессов,бизнес-планирования,планирования производства и др.

В ,частности,в США разработаны и применяются в качестве стандарта методология функционального моделирования IDEF0 и методология информационного моделирования IDEF1 ,которые показали себя неплохим средством анализа,конструирования и отображения бизнес-процессов.
Российский «аналог» известен в виде руководящего материала РД IDEF0 -2000 .
Однако,здесь следует отметить важный факт о том,что потоковые диаграммы и электронные таблицы при использовании методологий IDEF0 и IDEF1 отвечают на вопрос «что»,но они не могут ответить на вопросы – «как»,«когда», «где».А бизнес-процессы слишком сложны и динамичны,их невозможно понять и проанализировать,используя одни лишь потоковые диаграммы,электронные таблицы.
Именно этот недостаток моделирования с использованием потоковых диаграмм по методологиям IDEF0 и IDEF1 привел к ситуации,когда только около 30 % проектов реорганизации компании завершились успешно. Данный факт отмечают М. Хаммер,Дж. Чемпи и другие авторы .

В качестве программно-технических средств поддержки указанных методологий можно указать на интегрированную программную систему ARIS Toolset ,которая предназначена для проектирования и управления компанией, моделирования,анализа и оценки бизнес-процессов,разработки и внедрения корпоративной информационной системы и др.

Существенным недостатком ,который препятствует широкому применению в практику российских компаний, особенно для малого и среднего бизнеса, инструментальных средств (программно-технические системы), поддерживающих вышеуказанные зарубежные методологии моделирования , является высокая стоимость приобретения и обслуживания таких инструментальных средств,сложность использования, необходимость внешнего консультирования,ограниченность применения результатов моделирования.

Отсюда следует необходимость изменить подход к менеджменту, управлению производственными системами,в первоочередном порядке направить усилия менеджмента на создание потенциальной возможности, гарантии успешного решения задач управления производственной системой.

Всё это в полной степени относится и к управлению персоналом,к службе управления персоналом,как очень важной адмигнистративной службы производственной системы.Созданные потенциальные возможности повысят вероятность,создадут гарантии успешного решения задач управления персоналом производственной системы.

Для успешного применения такого подхода необходимо рассмотреть и определить механизм создания потенциальных возможностей для решения задач управления персоналом производственной системы.

Такой механизм строится с использованием функционально-структурного подхода на основе формализации процессов исполнения деловых функций в службе управления персоналом и упорядочения процессов взаимодействия служб производственной системы,поскольку решение задач управления персоналом ПС невозможно осуществить усилиями только службы управления персоналом,необходимо участие также и других ключевых функциональных служб (служба маркетинга,снабжения и сбыта; планово-экономическая служба;производственная служба) производственной системы .

5.2.Механизм создания потенциальных возможностей.

Механизм создания потенциальных возможностей для решения задач управления персоналом производственной системы представляется как система,в которой отображены цепочки причинно-следственных связей между потенциальными возможностями для решения задач и задачами управления персоналом,а также используются технологические регламенты процессов исполнения для каждой деловой функции службы управления персоналом организации.

Создаются необходимые потенциальные возможности для решения задач службы управления персоналом путем выполнения совокупности деловых функций, взаимодействующих в соответствующей структуре, функционально-структурной организации.При этом деловые функции должны определяться исходя из целей, задач, поставленных перед службой.

Важное место в механизме создания потенциальных возможностей отводится технологиям , технологическим регламентам исполнения для каждой деловой функции службы управления персоналом ПС,описание которых позволяет рассматривать динамику процессов исполнения деловых функций.Наличие технологий, технологических регламентов ,описания технологий исполнения деловых функций создает потенциальные возможности изменять,а значит управлять, параметры процессов исполнения деловых функций и достигаемые результаты.
В составе описания технологий,технологических регламентов процесса исполнения деловых функций в службе управления персоналом указываются требующиеся результаты,детальный перечень действий ,необходимых для каждой деловой функции, потенциал различного вида,требующийся для достижения необходимых результатов.

Наличие такого описания технологий,технологических регламентов процесса исполнения деловых функций в службе управления персоналом и элементов,упорядочивающих процессы взаимодействия деловых функций, служб производственной системы,создают также возможность выполнять более глубокий,детальный (на уровне деловых функций, действий, результатов, потенциала) контроль бизнес-процессов в службе ,на этой основе производить более достоверную диагностику причин нарушений и осуществлять более адэкватное, эффективное управление деятельностью персонала производственной системы.

Упорядочение (задание структуры,порядка и других необходимых элементов) процессов взаимодействия деловых функций всех ключевых функциональных служб производственной системы позволяет создать потенциальные возможности изменять (управлять) состояние и степень согласованности процесса обмена результатами деловых функций из разных служб.
И на этой основе создает потенциальные возможности изменять (управлять) состояние и степень достижения целей,задач службы управления персоналом и производственной системы в целом.

5.3. Как создавать «возможности» для управляемости характеристиками персонала.

Как известно , наиболее важными характеристиками персонала , работающего в составе организационного коллектива , являются следующие .

Перечень характеристик исполнителей .

1. Квалификация (накопленный уровень знаний и умений) .
2. Функциональная независимость (самостоятельность , автономность) .
3. Способность адаптироваться к новым нагрузкам , функциям , задачам .

4. Коммуникабельность (умение работать в команде) .

С целью изменения достигнутого уровня(ей) указанных характеристик персонала в организации, организационном коллективе могут быть использованы следующие способы , подходы .

Способы изменения характеристик .

1.Квалификация .

1.1.Обучение .

1.2.Перераспределение исполнителей внутри совокупности внутренних функций для каждой базовой функции (или службы) с целью добиться большего соответствия внутренней функции (операции, работы,действия) и имеющейся квалификации исполнителя.

2.Функциональная независимость .

2.1. Повышение квалификации .

2.2. Обучение на специальных тренажерах способности к самостоятельной деятельности.

2.3. Мотивации .

2.4. Погружение в более сложные ситуации .

3.Способность адаптироваться .

3.1. Обучение на специальных тренажерах .

3.2. Мотивации .

3.3. Повышение (расширение) квалификации .

3.4. Погружение в новые ситуации .

4. Коммуникабельность .

4.1. Обучение в команде .

4.2. Мотивации .

4.3. Погружение в слаженную , умеющую обучать «новеньких» команду .

Для того , чтобы применить , использовать в организации вышеуказанные способы , подходы с целью изменения достигнутого уровня(ей) указанных характеристик персонала , необходимо в организации предварительно создать потенциальную возможность изменять характеристики персонала , с использованием указаных способов и подходов.

Иными словами , необходимо создать свойство , которое должно включать в себя всю группу требующихся при этом возможностей .

Состав таких возможностей изменять основные характеристики персонала или возможностей управлять характеристиками персонала приводится ниже .

Наличие , создание в организации возможностей управлять характеристиками персонала означает , что в организации достигнута управляемость характеристиками персонала . Без этого свойства в принципе невозможно результативно , эффективно решать задачи управления персоналом организации.

Состав группового свойства «Управляемость характеристик персонала».

1. Характеристика « Квалификация » .

1.1. Возможность перераспределять исполнителей внутри совокупности внутренних функций для каждой базовой функции (или службы).

1.2. Мотивационные возможности (угроза увольнения , перспектива
повышения в должности , зарплаты ,...) .

1.3. Возможность обучать исполнителей с временным отрывом от основной работы .

1.4. Ресурсные возможности для обучения.

2. Характеристика « Функциональная независимость » .

2.1. Возможность обучать исполнителей .

2.2. Ресурсные возможности .

2.3. Мотивационные возможности .

2.4. Возможность погружения в более сложные ситуации .

3. Характеристика « Способность адаптироваться » .

3.1. Возможность обучать исполнителей .

3.2. Ресурсные возможности .

3.3. Мотивационные возможности .

3.4. Возможность погружения в более сложные ситуации .

4. Характеристика « Коммуникабельность » .

4.1. Возможность обучать исполнителя в команде .

4.2. Ресурсные возможности .

4.3.Мотивационные возможности.

4.4. Возможность погружения в слаженную , умеющую обучать команду .

Для того , чтобы создать групповое свойство « Управляемость характеристик персонала » необходимо , чтобы в организации выполнялась соответствующая группа деловых функций,в состав которых должны быть включены внутренние функции (действия) из приведенного ниже перечня.

Перечень внутренних функций (действий).

1. Обеспечить распределение совокупности внутренних функций для каждой базовой функции между командами исполнителей .

2. Обеспечить распределение совокупности внутренних функций для каждой базовой функции внутри каждой команды исполнителей .

3. Обеспечить распределение количественного и квалификационного состава команды исполнителей в соответствии с выполняемыми внутренними функциями .

4. Обеспечить резервирование дополнительных ресурсов для обучения .

5. Обеспечить разработку расписания (графика) для обучения .

6. Обеспечить выделение (направление) ресурсов (организационных, программно –технических , кадровых ,

информационных , временных , пространственных - помещения , финансовых) для обучения .

7. Обеспечить подготовку организации процесса обучения .

8. Обеспечить направление управляющих субъектов (руководителей различных уровней) и исполнителей на обучение .

9. Обеспечить заинтересованность управляющих субъектов и исполнителей в повышении квалификации и переквалификации (стимулирование набором определенных мер) .

10. Обеспечить ответственность каждого управляющего субъекта и исполнителя за качество продуктов , услуг .

11. Обеспечить перевод (направление) управляющих субъектов и исполнителей в другую команду или другую индивидуальную работу (функции , операции, задачи) .

12. Обеспечить руководство, консультирование и иную поддержку после перевода в другую команду или на другую индивидуальную работу .

Далее будут рассмотрены практические задания для описания действий,необходимых для создания отдельных возможностей из состава группового свойства «Управляемость характеристик исполнителей».

Результатом выполнения задания должно быть сформулированная последовательность (группа) действий, необходимых для создания рассматриваемой возможности.Каждое отдельное задание требует заполнения оставшейся незаполненной части каждой отдельной таблицы.

Таблица № 1К – В.

Характеристика «Квалификация».

Возможность перераспределять исполнителей внутри совокупности внутренних функций для каждой службы.

№№ п/п	Последовательность действий,необходимых для создания рассматриваемой возможности.
1	Разработать,согласовать и придать фирменный статус нормативному документу,устанавливающему порядок перераспределения исполнителей внутри совокупности внутренних функций для каждой службы.
2	Оценить потенциал различного вида,необходимый для реализации нормативного документа (из п. 1),включая организационный потенциал,кадровый,квалификационный,финансовый,ресурсный, информационный.
3	Определить и зарезервировать источники для реализации необходимого потенциала (из п. 2).
4	Ознакомить с нормативным документом из п. 1 всех заинтересованных лиц.
5	

Табл. № 2К - В.

Характеристика «Квалификация».

Мотивационные возможности (угроза увольнения, перспектива повышения в должности , роста зарплаты ,…).

№№ п/п	Последовательность действий,необходимых для создания рассматриваемой возможности.
1	Разработать и согласовать правила стимулирования повышения квалификации сотрудников.
2	Разработать,согласовать и придать фирменный статус нормативному документу,устанавливающему порядок повышения квалификации сотрудников и меры его стимулирования.
3	Оценить потенциал различного вида,необходимый для реализации нормативного документа (из п. 2),включая организационный потенциал, кадровый,квалификационный,финансовый,ресурсный,информационный.
4	Определить и зарезервировать источники для реализации необходимого потенциала (из п. 3).
5	Ознакомить с нормативным документом из п. 2 всех заинтересованных лиц.
6	

Таблица № 3К - В.

Характеристика «Квалификация».

Возможность обучать исполнителей с временным отрывом от основной работы .

№№ п/п	Последовательность действий,необходимых для создания рассматриваемой возможности.
1	Оценка степени загрузки основного персонала и резерва рабочего

	времени.
2	Оценка требующегося потенциала различного вида……….
3	Определение источников …………
4	Разработать,согласовать и придать фирменный статус нормативному документу,устанавливающему порядок ……………
5	

Таблица № 4К - В

Характеристика «Квалификация».

Ресурсные возможности для обучения.

№№ п/п	Последовательность действий,необходимых для создания рассматриваемой возможности.
1	Оценить потенциал различного вида,необходимый для реализации нормативного документа по вопросам повышения квалификации персонала,включая организационный потенциал, кадровый, квалификационный, финансовый, ресурсный,информационный.
2	Определить и зарезервировать источники для реализации необходимого потенциала (из п. 1).
3	Разработать,согласовать и придать фирменный статус нормативному документу,устанавливающему порядок повышения квалификации персонала.
4	Ознакомить с нормативным документом из п. 3 всех заинтересованных лиц.
5	

5.4. Как создавать «возможности» для наблюдаемости.

Групповое свойство № 4-У «Наблюдаемость состояния исполнения функций и свойств производственной системы» включает в себя следующие возможности :

1. Возможность (методические, алгоритмические) достоверной оценки элементов 1-8 из Перечня (см. ниже).
2. Возможность (доступность) прямого измерения или косвенной оценки элементов 1-8 Перечня.
3. (Возможность) доступность по времени, необходимому для измерения, оценки элементов 1-8 Перечня.
4. Возможность (доступность) по стоимости затрат, требующихся для измерения, оценки элементов 1-8 Перечня.

Перечень

элементов (состояния и выходные переменные), наблюдаемость которых рассматривается в свойстве «Наблюдаемость состояния исполнения функций и свойств производственной системы».

1. Переменные состояния исполнения совокупности внутренних функций для каждой базовой функции.
2. Показатели состояния исполнения (качество функционирования) базовых функций.
3. Параметры межфункционального взаимодействия (для базовых функций).

4.Переменные состояния совокупности внутренних свойств для каждого базового свойства.
5. Выходные переменные в виде совокупности показателей для каждого базового свойства.
6. Характеристики , параметры ресурсов.
7. Характеристики человеческих ресурсов (исполнители различных рангов).
8. Характеристики продуктов, услуг.

При рассмотрении процессов исполнения деловых функций в службе управления персоналом ПС свойство «Наблюдаемость состояния исполнения деловых функций» следует определять по отношению к результатам исполнения деловой функции,потенциалу,необходимому для исполнения деловой функции,к действиям,составляющим содержание технологического регламента процесса исполнения деловой функции.
Должна быть создана алгоритмическая,временная,стоимостная возможности для наблюдения (оценки,измерения) результатов, потенциала и действий процессов исполнения каждой деловой функции службы управления персоналом.Только в этом случае

будут основания утверждать о создании свойства «Наблюдаемость состояния исполнения деловых функций» в службе управления персоналом ПС.
Для этого,в первую очередь,должны быть исполнены действия, указанные в нижеприведенной таблице.

Таблица № НАБ - В

«Наблюдаемость состояния исполнения деловых функций» в службе управления персоналом.

№№ п/п	Последовательность действий,необходимых для создания рассматриваемой возможности.
1	Разработать описание технологических регламентов процессов исполнения деловых функций,необходимых для решения задач,возложенных на службу управления персоналом.
2	Разработать,согласовать и придать фирменный статус нормативному документу,устанавливающему порядок применения технологических регламентов процессов исполнения деловых функций в службе управления персоналом.
3	Разработать,согласовать и придать фирменный статус нормативному документу,устанавливающему порядок контроля за применением технологических регламентов процессов исполнения деловых функций в службе управления персоналом.
4	Разработать,согласовать и придать фирменный статус нормативному документу,устанавливающему порядок контроля за результатами исполнения деловых функций в службе управления персоналом, включая : вопросы доступности документов различных групп ответственности,конфиденциальности ,перечень лиц,наделенных правом контроля,обязанности лиц из службы управления персоналом по предоставлению затребованных документов и др.
5	Ознакомить с нормативными документами из пп. 1- 4 всех заинтересованных лиц.

При этом следует иметь ввиду,что контроль за результатами деятельности службы управления персоналом может инициироваться как изнутри производственной системы,так и извне.Изнутри контроль может инициироваться для целей кадрового консалтинга или кадрового самоаудита,а извне-для целей кадрового аудита. Поэтому в перечень лиц,которым может предоставляться право кадрового контроля ,доступа к определенным документам по кадрам ,могут входить кадровые консультанты,кадровые самоаудиторы (из числа подготовленных специалистов производственной системы), внешние кадровые аудиторы,а также менеджеры различных уровней производственной системы. Указанные соображения следует иметь ввиду при выполнении заданий, приведенных ниже,которые помогут глубже усвоить приведенный материал.

Задания.

Задание № 1НАБ-В.

Подготовить вариант документа для последующего придания ему фирменного статуса,в котором устанавливается порядок применения технологических регламентов процессов исполнения деловых функций в службе управления персоналом.

Задание № 2НАБ-В.

Подготовить вариант документа для последующего придания ему фирменного статуса,в котором устанавливается порядок контроля за применением технологических регламентов процессов исполнения деловых функций в службе управления персоналом.

Задание № 3НАБ-В.

Подготовить вариант документа для последующего придания ему фирменного статуса,в котором устанавливается порядок контроля за результатами исполнения деловых функций в службе управления персоналом, включая : вопросы доступности документов различных групп ответственности,конфиденциальности ,перечень лиц, наделенных правом контроля,обязанности лиц из службы управления персоналом по предоставлению затребованных документов и др.

5.5. Элементы, упорядочивающие процессы взаимодействия функциональных служб.

Взаимодействие функциональных служб при выполнении ими деловых функций и функций управления представляет собой выполнение следующих действий.

В части действий и предметов действий,относящихся к деловым функциям:

1.передача-прием результатов функционирования служб;

2.передача-прием информации о состоянии с получением результатов в функциональной службе.

В части действий и предметов действий,относящихся к функциям управления:

1.передача-прием управляющих воздействий или содействий от других функциональных служб;
2.передача-прием ресурсной поддержки при нарушениях в функциональной службе.

Основными элементами,позволяющими упорядочить взаимодействие функциональных служб в ПС, являются следующие.
1.Перечень (в табличной форме) деловых функций в функциональных службах,результаты их исполнения и адресаты приема-передачи результатов.
2.Структура взаимодействия функциональных служб (в матричной форме) -устанавливает маршруты,направления и каналы передачи-приема потоков следующих предметов действий : результаты функционирования служб, информация о состоянии ожидаемого результата , управляющие воздействия и содействия , ресурсный потенциал поддержки между функциональными службами .
3.Порядок взаимодействия функциональных служб - устанавливает последовательность,исполнителей и предельные сроки выполнения заданной группы действий при различных нарушениях для каждой функциональной службы в отдельности или общей,одинаковой для всех служб, в составе :
1).передача-прием информации о получении результата и его соответствии план-графику,заданию .
2). выработка управляющих воздействий или содействий .
3). выделение добавочного потенциала для целей управления или содействия.

4).использование добавочного потенциала для целей управления или содействия.

5).передача-прием информации о степени достижения цели управляющих воздействий в виде результата,требующегося по заданию .

Вышеуказанная группа действий, является обязательной для всех функциональных служб.

Порядок взаимодействия служб по сути состоит из двух компонент :

1/.регламентная процедура по обмену информацией о состоянии результатов между функциональными службами.

2/.процедура управления и содействия в случаях нарушений при обмене результатами между службами.

Данный порядок взаимодействия функциональных служб позволяет обеспечивать требуемое быстродействие при управлении в случаях нарушений при взаимодействии служб .

4.План-график и его фактическое исполнение по обмену (передаче-приему) результатами функционирования служб на рассматриваемом периоде (год,…).

План-график следует рассматривать как задание для руководителей функциональных служб при их взаимодействии,за исполнением которого ведется наблюдение со стороны топ-менеджеров ПС и всех руководителей функциональных служб.

При нарушениях план-графика следует применять вышеприведенный порядок выполнения действий,направленных на устранение нарушений и компенсацию возникших отрицательных эффектов.

5.Таблица оценок состояния достигаемых уровней результатов исполнения деловых функций в функциональных службах.

6.Правила стимулирования высокой степени согласованности при обменах результатами между функциональными службами.

5.6. Технологические регламенты процессов исполнения деловых функций службы управления персоналом.

Сформулируем задачи,поставленные перед службой управления персоналом, в следующем виде.

1).Поиск,подбор кадров,оформление их приема на работу,направление в функциональную службу,оформление увольнения работников.

2).Подготовка описаний положений для всех функциональных служб,должностных инструкций для работников всех служб,придание им фирменного статуса и организация выполнения,соблюдения этих положений,должностных инструкций.

3).Оформление и исполнение мер поощрения,мер наказания работников всех функциональных служб.

4).Организовать повышение квалификации работников всех функциональных служб в различных формах ,в т.ч. на их рабочих местах.

5).Организовать применение правил стимулирования повышения квалификации работников всех функциональных служб.

6).Организовать переводы работников функциональных служб в другую службу,на исполнение других функциональных обязанностей.

7).Организовать применеиие различных видов поддержки работников всех функциональных служб при выполнении ими своих функциональных обязанностей.

8).Подготовить описания и организовать соблюдение процедур, правил приема на работу в функциональные службы , осуществления трудовой деятельности ,квалификационного и должностного роста, охраны труда, страхования работников,увольнения с работы .

9).Формирование и ведение базы данных и документов,относящихся к кадровому составу,его распределению по функциональным службам,к управлению персоналом.

10).Использование электронной базы данных и документов по кадрам для целей планирования кадрового состава,распределения его по функциональным службам,управления характеристиками персонала, контроля ,кадрового учета и отчетности.

11).Организация учета и предоставления добавочных выплат, компенсаций работникам всех функциональных служб ,связанных с их обязательным, добровольным страхованием,с иными основаниями.

12).Соблюдение стандартов,иных требований при создании и использовании электронной базы данных и документов по кадрам,документов по персоналу.

Для достижения целей,задач,поставленных перед службой управления персоналом,служба должна выполнять перечисленные ниже деловые (бизнес) функции и достигать заданные результаты при их исполнении.

1).Обеспечить и организовать поиск,подбор кадров,оформление их приема на работу,направление в функциональную службу, оформление увольнения работников.

2).Обеспечить подготовку описаний положений для всех функциональных служб,должностных инструкций для работников всех служб,придать им фирменный статус и организовать их выполнение,соблюдение.

3).Организовать оформление и исполнение мер поощрения,мер наказания работников всех функциональных служб.

4).Обеспечить и организовать повышение квалификации работников всех функциональных служб в различных формах ,в т.ч. на их рабочих местах.

5).Обеспечить и организовать применение правил стимулирования повышения квалификации работников всех функциональных служб.

6).Обеспечить и организовать переводы работников всех функциональных служб в другую службу,на исполнение других функциональных обязанностей.

7).Обеспечить и организовать применеиие различных видов поддержки работников всех функциональных служб при выполнении ими своих функциональных обязанностей.

8).Обеспечить подготовку описания и организовать соблюдение процедур,правил приема на работу в функциональные службы , осуществления трудовой деятельности ,квалификационного и должностного роста,охраны труда,страхования работников, увольнения с работы .

9).Обеспечить формирование и ведение базы данных и документов, относящихся к кадровому составу,его распределению по функциональным службам,к управлению персоналом.

10).Организовать использование электронной базы данных и документов по кадрам для целей планирования кадрового состава, распределения его по функциональным службам,управления характеристиками персонала, контроля, кадрового учета и отчетности.
11).Обеспечить организацию учета и предоставления добавочных выплат,компенсаций работникам всех функциональных служб , связанных с их обязательным,добровольным страхованием,с иными основаниями.
12).Обеспечить и организовать соблюдение стандартов,иных требований при создании и использовании электронной базы данных и документов по кадрам,документов по персоналу.

При выполнении деловых функций,перечисленных выше,и достижении планируемых результатов руководитель и специалисты службы управления персоналом ,как и других функциональных служб,должны соблюдать и использовать в своей деятельности :
-структуру,порядок и другие идентификаторы процессов взаимодействия функциональных служб;
-все процедурные элементы,образующие систему управления производственной организации.

С целью создания возможности успешного решения задач и достижения необходимых результатов при выполнении деловых функций, возложенных на функциональную службу управления персоналом, разрабатываются и реализуются технологические регламенты-технологии процесса исполнения для каждой деловой функции из вышеуказанного перечня .Ниже приводятся описания всех необходимых технологий.

5.6.1. Технология исполнения деловой функции № 1.

ТЕХНОЛОГИЯ

исполнения деловой функции № 1 – Обеспечить и организовать поиск,подбор кадров,оформление приема на работу,направление в функциональную службу,оформление увольнения работников.

Результаты исполнения деловой функции № 1 :

1).Создана актуализированная база данных по источникам для поиска,подбора кандидатов на образовавшиеся вакансии должностей во всех функциональных службах ,а также по потенциальным кандидатам на возможные вакансии в кадровый резерв .

2).Подобранный в заданные сроки персонал с заданными характеристиками, юридически правильно оформленные договорные отношения с персоналом,направленный на вакантные должности в соответствующие функциональные службы персонал с оформленным приказом о приеме на работу.

3).Юридически правильно оформленные увольнения работников (прекращение договорных отношений).

Перечень и порядок исполнения действий,

необходимых для выполнения деловой функции № 1.

1.Согласовать с руководством организации,сформулировать кадровую политику ,придать ей фирменный статус.
2.Выполнить подготовительные мероприятия с целью выяснения потребности руководства организации (текущие и на ближайшую перспективу) в кадрах;определить источники информации о состоянии целевых рынков труда в регионе;задать способ формирования ,подготовки требующихся специалистов;определить способ оповещения и привлечения нужных специалистов.
3.На основании решений,принятых в пп.1,2,собрать информацию из различных доступных источников о текущем состоянии целевых рынков труда в регионе,о поведении их участников,а также на ближайшую перспективу (прогноз).
4.На оснровании информации из пп.3 выполнить анализ и сформулировать итоговые результаты о параметрах,характеристиках рассматриваемых целевых рынков труда,о поведении на рынке потенциальных работников,работодателей,кадровых агентств.
5.Организовать сбор на регулярной основе информации из различных доступных источников о потенциальных кандидатах на возможные вакансии в организации .
6.Организовать на регулярной основе ввод собранной информации об источниках для поиска потенциальных кандидатов на возможные вакансии в организации,о непосредственно самих потенциальных кандидатах в создаваемую электронную базу данных в ее раздел-кадровый резерв .

7.По мере появления изменений произвести актуализацию базы данных в части источников кадровой информации,потенциальных кандидатов на вакантные должности в организации,иной связанной с кадрами информации.
8.Получить из планово-финансовой службы план-график обмена результатами исполнения деловых функций между функциональными службами .
9.По мере поступления заявок на специалистов от руководителей организации,функциональных служб выполнить с учетом принятой кадровой политики следующую группу действий:
-произвести поиск в базе данных организации,среди других доступных источников информации;
-при необходимости разместить рекламу в СМИ,иным образом;
-при необходимости подготовить условия и объявить конкурс на замещение вакантных должностей в оргшанизации ;
-при необходимости прибегнуть к услугам кадровых агентств;
-осуществить коммуникации,провести первичное собеседование и отбор кандидатов на вакантные должности в организации ;
-согласовать отобранные кандидатуры с руководлством организации, с руководителями функциональных служб , и окончательно отобрать кандидатов на вакантные должности ,характеристики которых в наибольшей степени соответствуют требованиям .
10.Оформить соответствующие договорные отношения руководителя организации-работодателя и отобранного(ых) кандидата(ов) на вакантную(ые) должность(ти) .

11.Оформить приказ о приеме на работу и направить сотрудника в соответствующую функциональную службу организации;передать копию приказа в бухгалтерию и планово-финансовую службу;сделать

соответствующую запись в трудовую книжку сотрудника.

12.По мере возникновения оснований для увольнения работников произвести подготовку,согласование,подписание приказа об увольнении; ознакомление с ним увольняемого работника под расписку;сделать соответствующую запись в трудовую книжку увольняемого работника;передать приказ об увольнении в бухгалтарию,планово-финансовую службу для выполнения расчета с увольняемым работником и внесения изменеий в планы по труду и иное.

Для обеспечения потенциалом действий из пп.1-12 необходимо выполнить следующую группу действий.

13.Оценить требующийся для исполнения действий из пп.1-12 потенциал в составе: «производственный» потенциал,собственный протенциал исполнителя,в т.ч. его квалификация,ресурсный потенциал, включая информационный.

14.Рассчитать требующееся количество рабочего времени специалиста из службы управления персоналом в рамках трудового потенциала.

15.Определить источник,организовать выделение и использование всех необходимых видов потенциала при исполнении деловой функции №1.

16.Выработать собственный потенциал у исполнителей,необходимый для выполнеиия требующихся действий из числа перечисленных в пп.1-12,в т.ч. посредством инструктажа,обучения.

17.Организовать контроль за получаемыми результатами исполнения деловой функции №1 и их соответствием план-графику обмена результатами между функциональными службами в производственной системе .

Задание к разделу 5.6.1.

Описать содержание потенциала,требующегося для исполнения деловой функции № 1,в составе : «производственный» потенциал,собственный протенциал исполнителя,ресурсный потенциал,включая информационный.

5.6.2.Технология исполнения деловой функции № 2.

ТЕХНОЛОГИЯ

исполнения деловой функции № 2 –

Обеспечить подготовку описаний положений для всех служб организации,должностных инструкций для работников всех служб,придать им фирменный статус, организовать их выполнение,соблюдение.

Результаты исполнения деловой функции № 2 :

1).Подготовлены и придан фирменный статус положениям для всех функциональных служб организации и должностным инструкциям для работников всех служб .
2).Вменены в обязанности с несением ответственности руководителям и специалистам всех служб организации выполнение,соблюдение положений,норм,требований,установленных в соответствующих положениях о службе,должностных инструкциях.
3).Созданный инструмент контроля и учета за соблюдением положений о службах,должностных инструкций и документальные подтверждения его фактического использования (ведения,заполнения),а также подведенные за отчетный период итоги о результативности инструмента контроля и учета.

Перечень и порядок исполнения действий,
необходимых для выполнения деловой функции № 2.

1.Подготовить описание и придать фирменный статус положению о службе для всех функциональных служб организации.
2.Подготовить описание и придать фирменный статус должностным инструкциям для работников всех служб организации.
3.Вменить в обязанности с несением ответственности руководителям и специалистам функциональных служб выполнение ,соблюдение положений,норм,требований,установленных в соответствующих положениях о службе,должностных инструкциях.
4.Подготовить описание и придать фирменный статус инструменту контроля за выполнением,соблюдением положений о службах и должностных инструкций.

5.Возложить обязанности контроля посредством использования инструмента контроля,указанного выше,на руководителя службы управления персоналом.
6.Организовать ведение инструмента контроля и учета с документальным подтверждением посредством записей его фактического использования,а также подведение итогов за отчетный период.

Для обеспечения **потенциалом** действий из пп.1-6 необходимо выполнить следующую группу действий.

7.Оценить требующийся для исполнения действий из пп.1-6 потенциал в составе: «производственный» потенциал,собственный потенциал исполнителя,в т.ч. его квалификация,ресурсный потенциал,включая информационный.
8.Рассчитать требующееся количество рабочего времени исполнителя из службы управления персоналом в рамках трудового потенциала.
9.Определить источник,организовать выделение и использование всех необходимых видов потенциала при исполнении деловой функции № 2.
10.Выработать собственный потенциал у исполнителя,необходимый для выполнения требующихся действий из числа перечисленных в пп.1-6,в т.ч. посредством инструктажа,обучения.

11.Организовать контроль за получаемыми результатами исполнения деловой функции № 2 и их соответствием план-графику обмена результатами между службами в организации.

Задание к разделу 5.6.2.
Описать содержание потенциала,требующегося для исполнения деловой функции № 2,в составе : «производственный» потенциал,собственный протенциал исполнителя,ресурсный потенциал,включая информационный.

5.6.3.Технология исполнения деловой функции № 3.

ТЕХНОЛОГИЯ

выполнения деловой функции № 3 - Организовать оформление и исполнение мер поощрения,мер наказания работников организации.

Результаты выполнения деловой функции № 3 :

1).Оформленные в заданные сроки ,юридически правильно,а также в соответствии с установленными в организации порядком,правилами-меры поощрения работников.

2).Оформленные в заданные сроки,юридически правильно,а также в соответствии с установленными в организации порядком,правилами-меры наказания работников компании.

Перечень и порядок исполнения действия,
необходимых для выполнения деловой функции № 3.

1.Подготовить и придать фирменный статус правилам поощрения или несения ответственнсти,наказания в зависимости от достигаемых работниками организации результатов исполнения их деловых функций; в зависимости от различных факторов из числа заданных в перечне нарушений,отклонений,приведшим к добавочным потерям для организации.
2.Организовать контроль за возникновением оснований для применения мер поощрения или мер наказания.
3.При наступлении оснований для применения правил поощрения или несения ответственности ,наказания выполнить следующую группу действий: подготовить,согласовать и подписать приказ руководителя организации о применении мер поощрения или мер наказания;при необходимости передать в бухгалтерию копию приказа;отобразить адэкватным образом изменения,вытекающие из приказа.

Для обеспечения потенциалом действий из пп.1-3 необходимо выполнить следующую группу действий.
4.Оценить требуюшийся для исполнения действий из пп.1-3 потенциал в составе: «производственный» потенциал,собственный потенциал исполнителя,в т.ч. его квалификация,ресурсный потенциал,включая информационный.
5.Рассчитать требующееся количество рабочего времени исполнителя из службы управления персоналом в рамках трудового потенциала.
6.Определить источник,организовать выделение и использование всех необходимых видов потенциала при исполнении деловой функции № 3.

7.Выработать собственный потенциал у исполнителя,необходимый для выполнения требующихся действий из числа перечисленных в пп.1-3, в т.ч.посредством инструктажа,обучения.

8.Организовать контроль за получаемыми результатами исполнения деловой функции № 3 и их соответствием план-графику обмена результатами между службамим в организации.

Задание к разделу 5.6.3.
Описать содержание потенциала,требующегося для исполнения деловой функции № 3,в составе : «производственный» потенциал, собственный протенциал исполнителя,ресурсный потенциал,включая информационный.

5.6.4.Технология исполнения деловой функции № 4.

ТЕХНОЛОГИЯ
исполнения деловой функции № 4 - Обеспечить и организовать повышение квалификации работников организации в различных формах,в т.ч. на рабочих местах.

Результаты выполнения деловой функции № 4:
1.Создан потенциал для повышения квалификации, переквалификации, обучения работников организации.

2.Подготовлены описания и придан статус порядку, правилам, процедурам : направления на повышение квалификации, переквалификацию,обучение работников;выделения и использования добавочного потенциала для обучения; проведения обучения; проведения итоговой аттестации обучающихся.

3.Организовано применение на регулярной основе порядка, правил, процедур,установленных в пп.2,с использованием добавочного потенциала.

4.Проведенные в плановые сроки повышение квалификации, переквалификация заданной группы сотрудников организации с использованием различных форм подготовки,в т.ч. на рабочем месте сотрудников.

Перечень и порядок исполнения действий,
необходимых для выполнения деловой функции № 4.

1.Подготовить описание и придать фирменный статус порядку, правилам : выделения и использования добавочного потенциала различного вида, необходимого для проведения обучения в различных формах;направления на обучение для повышения квалификации, переквалификации работников организации в различных формах;проведения обучения работников в различных формах; проведения аттестации работников,прошедших обучение в различных формах.

2.Выполнить организационные подготовительные мероприятия для создания потенциала различного вида,необходимого для проведения обучения в различных формах в плановом периоде года (кандидаты для обучения ,помещения,финансовые средства,ведущие обучение,временной ресурс,информационные ресурсы,…).

3.Организовать ведение инструмента контроля и учета с документальным подтверждением посредством записей его фактического использования,а также подведение итогов обучения за отчетный период,его эффективности, результативности.

4.Подготовить описание и придать фирменный статус инструменту контроля и учета за соблюдением,выполнением порядка,правил проведения обучения в различных формах для работников компании.

Для обеспечения потенциалом действий из пп.1-4 необходимо выполнить следующую группу действий.

5.Оценить требующийся для исполнения действий из п.1-4 потенциал в составе: «производственный» потенциал,собственный потенциал исполнителя,в т.ч. квалификация,ресурсный потенциал,включая информационный.

6.Рассчитать требующееся количество рабочего времени исполнителя из службы управления персоналом в рамках трудового потенциала.

7.Определить источник,организовать выделение и использование всех необходимых видов потенциала при исполнении деловой функции № 4.

8.Выработать собственный потенциал у исполнителя,необходимый для выполнения требующихся действий из числа перечисленных в пп.1-4,в т.ч. посредством инструктажа,обучения.

9.Организовать контроль за достигаемыми результатами исполнения деловой функции № 4 и их соответствием план-графику обмена результатами между службами в организации.

Задание к разделу 5.6.4.
Описать содержание потенциала,требующегося для исполнения деловой функции № 4,в составе : «производственный» потенциал, собственный протенциал исполнителя,ресурсный потенциал,включая информационный.

5.6.5. Технология исполнения деловой функции № 5.

ТЕХНОЛОГИЯ
исполнения деловой функции № 5 - Обеспечить и организовать применение правил стимулирования повышения квалификации работников организации .

Общие положения.

Полагаем,что повышение квалификации работников компании является необходимым условием для добавочного роста производительности труда,роста уровня качества продукции и его стабильности,повышения качества исполнения деловых функций работниками организации,повышение степени взаимозаменяемости работников в организации.Поэтому указанные последствия от повышения квалификации работников и должны отражаться в правилах стимулирования повышении квалификации в виде эффектов, которые стимулируются для их достижения.

Результаты   выполнения деловой функции № 5:

1.Подготовлены описание и придан фирменный статус правилам стимулирования повышения квалификации,переквалификации работников организации.

2.Создан потенциал стимулирования у субъекта стимулирования (организация) и у каждого в отдельности объекта стимулирования-работники организации.

3.Организовано применение на регулярной основе правил стимулирования повышения квалификации,переквалификации работников организации.

4.Подготовлено описание и придан фирменный статус правилам поощрения или несения ответственности в зависимости от достигаемого уровня качества продукции,услуг.

5.Создан потенциал стимулирования у субъекта стимулирования-организация и у каждого в отдельности объекта стимулирования – работники организации.

6.Организовано применение на регулярной основе правил поощрения или несения ответственности в зависимости от достигаемого уровня качества продукции.

Перечень и порядок исполнения действий, необходимых для выполнения деловой функции № 5.

1.Подготовить описание и придать фирменный статус правилам стимулироваввния повышения квалификации,переквалификации работников организации.
2.Выполнить организационные мероприятия для создания потенциала стимулирования повышения квалификации работников у субъекта стимулированеия-организации в плановом периоде года,а также у каждого из потенциальных объектов стимулирования.
3.Подготовить и придать фирменный статус правилам поощрения или несения ответственности в зависимости от достигаемого уровня качества продукции.
4.Выполнить организационные мероприятия для создания у субъекта и объектов стимулирования необходимого потенциала стимулирования добавочного роста качества продукции,его стабильности в плановом периоде года.
5.Подготовить описание и придать фирменный статус инструменту контроля и учета за применением ,соблюдением правил стимулирования повышения квалификации, переквалификации работников организации.
6.Организовать ведение инструмента контроля и учета из пп.5 с документальным подтверждением посредством записей его фактического использования,а также подведение итогов о результативности применения правил стимулирования повышения квалификации,переквалификации за отчетный период.

7.Повторить пп.5,6 для правил поощрения или несения ответственности в зависимости от достигаемого уровня качества продукции.

Для обеспечения **потенциалом** действий из пп.1-7 необходимо выполнить следующую группу действий.

8.Оценить требующийся для выполнения действий из пп.1-7 потенциал в составе: «производственный» потенциал,собственный потенциал исполнителя,в т.ч. его квалификация,ресурсный потенциал, включая информационный.

9.Рассчитать требующееся количество рабочего времени исполнителя из службы управления персоналом в рамках трудового потенциала.

10.Определить источник,организовать выделение и использование всех необходимых видов потенциала при исполнении деловой функции № 5.

11.Выработать собственный потенциал у исполнителя,необходимый для выполнения требующихся действий из числа перечисленных в пп.1-7,в т.ч. посредством инструктажа,обучения.

12.Организовать контроль за достигаемыми результатами исполнения деловой функции № 5 и их соответствием план-графику обмена результатами между службами в организации.

Задание к разделу 5.6.5.

Описать содержание потенциала,требующегося для исполнения деловой функции № 5,в составе : «производственный» потенциал, собственный протенциал исполнителя,ресурсный потенциал,включая информационный.

5.6.6. Технология исполнения деловой функции № **6.**

ТЕХНОЛОГИЯ

исполнения деловой функции № 6 -

Обеспечить и организовать переводы работников организации в другую функциональную службу, на исполнение других функциональных обязанностей.

Результаты выполнения деловой функуции № 6 :

1.Подготовлено описание и при необходимости созданы следующие элементы:

-порядок,правила придания формального статуса переводу работника на другое рабочее место,в другую команду исполнителей,в другую службу;

-мотивации и потенциал стимулирования у обоих сторон;

-потенциал резерва должностей.

2.Организовано применение процедур,правил перехода ,перевода работников на другое рабочее место,в другую команду исполнителей в другую службу.

Перечень и порядок исполнения действий,

необходимых для выполнения деловой функции № 6.

1.Подготовить описание и придать фирменный статус порядку перевода работников организации в другие функциональные службы,на исполнение других функциональных обязанностей.
2.При необходимости выполнить организационные мероприятия для создания потенциала резерва должностей в плановом периоде года.
3.При необходимости выполнить организационные мероприятия для создания мотиваций и потенциала стимулирования,у обоих сторон, перевода работников в другие службы,на исполнение других функциональных обязанностей,как у субъекта стимулирования-организации ,так и у каждого потенциального объекта стимулирования .
4.Подготовить описание и придать фирменный статус инструменту контроля и учета соблюдения порядка перевода работников в вдругие службы,на исполнение других функциональных обязанностей.
5.Организовать ведение инструмента контроля и учета , установленного выше,с документальным подтверждением посредством записей его фактического использования ,а также подведение итогов,эффектов от перевода работников за отчетный период.

Для обеспечения потенциалом действий из пп.1-5 необходимо выполнить следующую группу действий.
6.Оценить требующийся для исполнения действий из пп.1-5 потенциал в составе: «производственный» потенциал,собственный потенциал исполнителя,в т.ч. его квалификация,ресурсный потенциал, включая информационный.

7.Рассчитать требующееся количество рабочего времени исполнителя из службы управления персоналом в рамках трудового потенциала.
8.Определить источник,организовать выделение и использование всех необходимых видов потенциала при исполнении деловой функции № 6.
9.Выработать собственный потенциал у исполнителя,необходимый для выполнения требующихся действий из числа перечисленных в пп.1-5, в т.ч. посредством инструктажа,обучения.

10.Организовать контроль за достигаемыми результатами исполнения деловой функции № 6 и их соответствием план-графику обмена результатами между службами организации .
Задание к разделу 5.6.6.
Описать содержание потенциала,требующегося для исполнения деловой функции № 6,в составе : «производственный» потенциал, собственный протенциал исполнителя ,ресурсный потенциал,включая информационный.

5.6.7.Технология исполнения деловой функции № 7.

ТЕХНОЛОГИЯ
исполнения деловой функции № 7 - Обеспечить и организовать применение различных видов поддержки работников организации при выполнении ими своих функциональных обязанностей.

Результаты выполнения деловой функции № 7:
1.Подготовлено описание и придан фирменный статус порядку,процедуре оказания различных видов поддержки работников организации при исполнении ими своих функциональных обязанностей.
2.Созданы мотивации для участия работников организации в поддержке иных лиц и создан потециал стимулирования у субъекта (организация) стимулирования и у каждого потенциального объекта стимулированеия.
3.Создан потенциал поддержки работника при его переводе в другую команду исполнителей в другой функциональной службе.
4.Организовано применение процедур оказания различных видов поддержки работников организации при выполнении ими своих функциональных обязанностей.

Перечень и порядок выполнения действия, необходимых для исполнения деловой функции № 7.

1.Сформулировать мотивации для участия квалифицированных специалистов организации в различных видах поддержки других работников службы, организации и отобразить их в соответствующем порядке оказания такой поддержки.
2.Подготовить описание и придать фирменный статус порядку оказания различных видов поддержки работников организации при

выполнении ими своих функциональных обязанностей со стороны квалифицированных специалистов и организации в целом.
3.Выполнить организационные подготовительные мероприятия для создания различных видов потенциала,необходимого для оказания различных видов поддержки работников компании при выполнении ими своих функциональных обязанностей.
4.Выполнить организационные мероприятия для создания потенциала стимулирования оказания поддержки другим работникам организации в плановом периоде года у субъекта стимулирования- организации и у каждого потенциального объекта стимулирования.
5.Подготовить описание и придать фирменный статус инструменту контроля и учета за применением,соблюдением порядка оказания поддержки работникам организации при выполнении ими своих функциональных обязанностей.
6.Организовать ведение указанного инструмента контроля и учета с документальным подтверждением посредством записей его фактического использования,а также подведение итогов ,результатов оказанной поддержки работникам при выполнении ими своих функциональных обязанностей за отчетный период года.

Для обеспечения потенциалом действий из п.1-6 необходимо выполнить следующую группу действий.
7.Оценить требующийся потенциал для выполнения действий из пп.1-6 в составе: «производственный» потенциал,собственный потенциал исполнителя,в т.ч. его квалификация,ресурсный потенциал,включая информационный.

8.Рассчитать требующееся количество рабочего времени исполнителя им службы управления персоналом в рамках трудового потенциала.
9.Определить источник,организовать выделение и использование всех необходимых видов потенциала при исполнении деловой функции № 7.
10.Выработать собственный потенциал у исполнителя,необходимый для выполнения требующихся действий из числа перечисленных в пп.1-6,в т.ч. посредством инструктажа,обучения.

11.Организовать контроль за достигаемыми результатами исполнения деловой функции № 7 и их соответствием план-графику обмена результатами между службами в организации.

5.6.8.Технология исполнения деловой функции № 8.

ТЕХНОЛОГИЯ

исполнения деловой функции № 8 - Обеспечить подготовку описания и организовать соблюдение процедур,правил приема на работу в компанию,осуществления трудовой деятельности, квалификационного и должностного роста,охраны труда, страхования работников,увольнения с работы в компании.

Здесь рассматриваются процедуры,правила приема на работу, назначения на должность,повышения квалификации,стимулирования повышения квалификации,перевода в другие службы,поддержки работников при исполнении ими своих функциональных обязанностей,охраны труда,трудовой дисциплины,добавочных выплат,компенсаций работникам,связанным с их обязательным, добровольным страхованием , иными основаниями,увольнением с работы в организации.

Вышеуказанный перечень считается заданным,обязательным.

Результаты выполнения деловой функции № 8:

1.Создан необходимый потенциал,подготовлены описания и придан фирменный статус процедурам,правилам по вышеуказанному перечню с учетом результатов исполнения деловых функций № 4-7.

2.Вменены в обязанности с несением ответственности руководителям всех уровней применять,соблюдать процедуры,правила по вышеуказанному перечню.

3.Созданный инструмент контроля и учета за соблюдением процедур,правил по вышеуказанному перечню и документальное подтверждение его фактического использования,ведения,заполнения,а также подведенные итоги

о результативности указанного инструмента контроля и учета в отчетном периоде года.

Перечень и порядок исполнения действий,
необходимых для выполнения деловой функции № 8.

Деловая функция № 8 выполняется с учетом использования результатов выполнения деловых функций № 1-7.

1.Выполнить организационные подготовительные мероприятия для образования различных видов потенциала,необходимого для подготовки описаний процедур,правил по вышеуказанному перечню.
2.Подготовить описания и придать фирменный статус процедурам и правилам по вышеуказанному перечню.
3.Вменить в обязанности с несением ответственности руководителям всех уровней применять,соблюдать процедуры и правила по вышеуказанному пекречню.
4.Подготовить описание и придать фирменный статус инструменту контроля и учета за применением,соблюдением процедур,правил по вышеуказанному перечню.
5.Организовать ведение указанного инструмента контроля и учета с документальным подтверждением посредством записей его фактического использования,а также подведением итогов о результативности указанного инструмента за отчетный период.

Для обеспечения потенциалом действий из пп.1-5 необходимо выполнить следующую группу действий.
6.Оценить требующийся для исполнения действий из пп.1-5 потенциал в составе: «производственный» потенциал,собственный потенциал исполнителя из службы управления персоналом,в т.ч. его квалификация,ресурсный потенциал,включая информационный.
7.Рассчитать требующееся количество рабочего времени исполнителя из службы управления персоналом в рамках трудового потенциала.
8.Определить источник,организовать выделение и использование всех необходимых видов потенциала при исполнении деловой

функции № 8.
9.Выработать собственный потенциал у исполнителя,необходимый для выполнения требующихся действий из числа перечисленных в пп.1-5,в т.ч. посредством инструктажа,обучения.

10.Организовать контроль за достигаемыми результатами исполнения деловой функции № 8 и их соответствием план-графику обмена результатами между службами в организации.

5.6.9.Технология исполнения деловой функции № 9.

ТЕХНОЛОГИЯ
выполнения деловой функции № 9-Обеспечить формирование и ведение базы данных и документов, относящихся к кадровому составу организации,его распределению по функциональным службам, к управлению персоналом.

Результаты выполненеия деловой функции № 9 :
1.Создан потенциал,необходимый для формирования и ведения электронной базы данных и документов,относящихся к кадровому составу организации , его распределению по функциональным службам,к управлению персоналом.
2.Юридически правильно (в соответствии с трудовым законодательством) и в заданные сроки оформлены документы,

относящиеся к кадровому составу,его распределению по службам,к управлению персоналом.
3.Сформированная,актуализированная база данных и документов на бумажных и электронных носителях,относящихся к кадровому составу,его распределению по службам,к управлению персоналом.

Перечень и порядок исполнения действий,
необходимых для выполнения деловой функции № 9.

1.Выполнить организационные подготовительные мероприятия для образования различных видов потенциала,необходимого для формирования и ведения электронной базы данных и документов, относящихся к кадровому составу,его распределению по службам,к управлению персоналом.
2.Организовать подбор,приобретение,установку,запуск программно-аппаратного комплекса на базе персонального компьютера, необходимого для создания электронной базы данных и документов по кадрам,а также заключение договоров на его эксплуатацию и сопровождение программ.
3.Организовать подготовку специалиста из службы управления персоналом с целью освоения работы с программной системой, установленной на персональном компьютере.
4.Организовать и обеспечить на постоянной основе работу специалиста службы управления персоналом по занесению кадровых данных,документов в электронную базу данных и документов,по своевременной актуализации, формированию и выводу на печать различных выходных отчетных форм по кадрам.

5.Обеспечить и организовать выработку собственного потенциала у специалиста службы управления персоналом,необходимого для юридически правильного оформления документов,относящихся к кадровому составу,его распределению по службам,к управлению персоналом,в т.ч.посредством инструктажа,обучения.

6.Организовать создание и ведение инструмента контроля и учета за своевременностью и юридически правильным оформлением кадровых документов,за своевременностью и правильностью занесения кадровых данных в электронную базу данных и документов,за своевременностью актуализации электронной базы данных и документов,за правильностью итоговых отчетных форм по кадрам.

5.6.10.Технология исполнения деловой функции № 10.

ТЕХНОЛОГИЯ

выполнения деловой функции № 10- Организовать использование электронной базы данных и документов по кадрам для целей планирования кадрового состава,распределения его по службам, управления характеристиками персонала,кадрового учета и отчетности, контроля.

Результаты выполнения деловой функции № 10 :

1.Организовано использование на постоянной основе руководителями всех уровней электронной базы данных и документов по кадрам для

целей планирования кадрового состава,распределения его по функциональным службам,управления характеристиками персонала, кадрового учета и отчетности,контроля.
2.Созданный инструмент контроля и учета за использованием электронной базы данных и документов по кадрам.

Перечень и порядок исполнения действий,
необходимых для выполнения деловой функции № 10.

1.Организовать вменение в обязанности с несением ответственности руководителям всех уровней использовать информацию из электронной базы данных и документов по кадрам в своей деятельности для целей планирования кадрового состава, распределения его по службам,управления характеристиками персонала,кадрового учета и отчетности,контроля.
2.Организовать выработку собственного потенциала у руководителей всех уровней, необходимого для использования информации из электронной базы данных и документов по кадрам в своей деятельности,в т.ч. посредством инструктажа,обучения.
3.Создать возможность для использования руководителями всех уровней информации из электронной базы данных и документов по кадрам для целей планирования,управления кадрами,кадрового учета и отчетности,контроля.
4.Организовать создание и ведение инструмента контроля и учета за степенью использования руководителями всех уровней информации из электронной базы данных и документов по кадрам для целей планирования,управления кадрами,кадрового учета и отчетности.

5.6.11.Технология исполнения деловой функции № 11.

ТЕХНОЛОГИЯ

выполнения деловой функции № 11-Обеспечить организацию учета и предоставления добавочных выплат,компенсаций работникам организации, связанных с их обязательным ,добровольным страхованием,с иными основаниями.

Результаты выполнения деловой функции № 11:

1.Придан фирменный статус и зарезервирован потенциал, необходимый для учета и предоставления организацией добавочных выплат,компенсаций работникам организации, связанных с их обязательным,добровольным страхованием,с иными основаниями.

2.Юридически правильно и в заданные сроки оформленные документы, связанные с добавочными выплатами,компенсациями работникам организации по договорам обязательного,добровольного страхования,по иным основаниям.

3.Сформированная,актуализированная база данных и документов (на бумажных и электронных носителях) в части добавочных выплат, компенсаций работникам организации, связанных с их обязательным, добровольным страхованием,иными основаниями.

4.Созданный инструмент контроля и учета за предоставлением работникам организации добавочных выплат,компенсаций,связанных с их обязательным,добровольным страхованием,с иными основаниями, и документальное подтверждение фактического использования этого инструмента,включая его результативность.

Перечень и порядок исполнения действий,
необходимых для выполнения деловой функции № 11.

1.Подготовить описание и придать фирменный статус потенциалу различного вида,необходимому для предоставления и учета добавочных выплат,компенсаций работникам компании,связанных с их обязательным,добровольным страхованием,с иными основаниями.
2.Организовать оценку и резервирование различного вида потенциала,установленного в пп.1,на плановый период года.
3.По мере возникновения оснований для осуществления добавочных выплат,компенсаций,установленных в пп.1,выполнить следующую группу действий:
-подготовить,согласовать и подписать у руководителя организации приказь приказ в бухгалтерию для осуществления добавочной выплаты,компенсации;
-произвести контроль за своевременностью и точностью добавочной выплаты, компенсации определенному работнику;
-занести данные об основаниях и произведенной добавочной выплате,компенсации в электронную базу данных и документов по добавочным выплатам,компенсациям работникам организации .
4.К концу планового периода года произвести актуализацию электронной базы данных и документов по добавочным

выплатам,компенсациям работникам организации ,а также оформить итоговый отчет о произведенных за отчетный период добавочных выплатах и компенсациях.

5.Подготовить описание и придать фирменный статус инструменту контроля и учета за предоставлением добавочных выплат, компенсаций работникам организации использованием возможностей созданной электронной базы данных и документов по добавочным выплатам,компенсациям работникам организации.

6.Организовать ведение инструмента контроля и учета с докуметальным подтверждением его фактического использования.

Для обеспечения потенциалом действий из пп.1-6 необходимо выполнить следующую группу действий.

7.Оценить требующийся для исполнения действий из пп.1-6 потенциал в составе: «производственный» потенциал,собственный потенциал исполнителя,в т.ч. его квалификация,ресурсный потенциал, включая информационный.

8.Рассчитать требующееся количество рабочего времени исполнителя из службы управления персоналом в рамках трудового потенциалав.

9.Определить источник,организовать выделение и использование всех необходимых видов потенциала при исполнении деловой функции № 11.

10.Выработать собственный потенциал у исполнителя,необходимый для выполнения требующихся действий из числа перечисленных в пп.1-6,в т.ч.посредством инструктажа, обучения.

5.6.12.Технология исполнения деловой функции № 12.

ТЕХНОЛОГИЯ

выполнения деловой функции № 12- Обеспечить и организовать соблюдение стандартов,иных требований при создании,ведении и использовании электронной базы данных и документов по кадрам ,документов по персоналу организации .

Здесь понятие «организовать соблюдение стандартов,…» означает соблюдение стандартов,иных требований в части квалификации, форм,форматов данных и документов,выходных отчетных таблиц при формировании,ведении,использовании электронной базы данных и документов,относящихся к кадровому составу организации ,его распределению по функциональным службам,к управлению характеристиками персонала,к добавочным выплатам и компесациям работникам организации ,связанным с их обязательным, добровольным страхованием,с иными основаниями.
Здесь также учитывается,что деловая функция № 12 является дополнительной к деловым функциям № 9,11.

Результат выполнения деловой функции № 12:
-достигнутое соответствие,соблюдение стандартов,иных требований в части квалификации,форматов данных,форм документов,итоговых таблиц при формировании,ведении и использовании электронной

базы данных и документов по кадрам ,документов по персоналу организации .

Перечень и порядок исполнения действий,
необходимых для выполнения деловой функции № 12.

1.Выполнить организационные подготовительные мероприятия для создания различных видов потенциала,включая вычислительный, программный, информационный,ресурсный ,временной,необходимого для установления и соблюдения стандартов,иных требований при формировании,ведении и использовании электронной базы данных и документов по кадрам организации .
2.Организовать подготовку специалиста службы управления персоналом с целью выработки у него умений описывать,задавать требования к электронной базе данных и документов по кадрам, документов по персоналу.
3.Подготовить описание и придать фирменный статус требованиям к форматам данных,формам отчетных документов по кадрам,которые должны соблюдаться при создании,ведении и использовании электронной базы данных и документов по кадрам.
4.Организовать подбор, приобретение, установку, запуск, сопровождение прикладной программы,которая обеспечивает выполнение,соблюдение требований,установленных в пп.3,при создании,ведении и использовании электронной базы данных и документов по кадрам.
5.Организовать подготовку специалиста из службы управления

персоналом в качестве пользователя прикладной программы из пп.3.
6.Организовать на постоянной основе работу прошедшего спецподготовку специалиста,обеспечивающего соблюдение стандартов,требований из пп.3 при создании,ведении электронной базы данных и документов по кадрам организации .

5.7. Зависимость проблем в деятельности организации от степени исполнения технологий в службе управления персоналом.

Ниже приводятся примеры,которые подтверждают,подчеркивают важность соблюдения технологическитх регламентов процессов исполнения деловых функций в службе управления персоналом (как первопричин проблем) при поиске и решении проблем в деятельности организации.

Основные проблемы в деятельности организации можно сформулировать следующим образом.

ПЕРЕЧЕНЬ ПРОБЛЕМ .

1. Низкая трудовая дисциплина .
2. Уровень производительности труда низкий или не соответствует вознаграждению менеджера , работника .
3. Высокая текучесть кадров .
4. Низкое качество продукции .

5. Слабая мотивация (заинтересованность) менеджеров и работников компании в результатах своего труда .
6. Низкий уровень ответственности за недостижение плановых показателей труда менеджерами , работниками .
7. Высокий уровень рассогласований при взаимодействии служб , менеджеров и работников (исполнителей) .

8. Дублирование функций отдельных служб,менеджеров .

9. Не соблюдение технологических регламентов в службе производства и других службах .

10. Отсутствие взаимопомощи , взаимной поддержки между работниками службы(жб) , между руководителями служб .

11. Сложности с подбором квалифицированных менеджеров , специалистов .

12. Большие потери , перерасходы ресурсов различного вида в процессе труда , производства (низкая эффективность труда) .

13. Низкий уровень безопасности труда , высокий уровень травматизма на производстве .

Ниже приводятся таблицы,которые показывают зависимость причин возникновения проблемы от соблюдения технологических регламентов процессов исполнения деловых функций , возложенных на службу управления персоналом .

Зависимость причин возникновения «проблемы» от соблюдения технологических регламентов исполнения деловых функций ,возложенных на службу управления персоналом .

ПРОБЛЕМА - низкая трудовая дисциплина .

Таблица № 1

Возможные промежуточные причины возникновения «проблемы» .	Номера деловых функций , возложенных на службу управления персоналом,от соблюдения технологических регламентов которых зависит возникновение промежуточной причины , а также иные первопричины .
1	2
1. Низкий уровень оплаты труда	1.Политика собственников, руководителей организации . 2.Деловые

	функции №№ 1 , 2 службы СУП .
2. Слабая мотивация достижения результатов труда , соблюдения дисциплины труда .	1.Политика собственников, руководителей организации 2.Деловые функции №№ 1 ,4 ,5 , 7 , 8 , 9 , 12 СУП .
3. Низкий уровень регламентации процесса труда работника , менеджера на рабочем месте в службе .	1.Деловая функция № 1 СУП . 2.Задачи других служб организации .
4. Слабая упорядоченность процессов взаимодействия между работниками в группе , между менеджерами различных служб организации и-или разных уровней .	1.Деловая функция № 1 СУП . 2.Задачи других служб организации .

5. Нечетко установленная подчиненность работника(ов) , менеджера(ов) .	Деловая функция № 3 СУП .
6. Низкий уровень ответственности за нарушения трудовой дисциплины .	Деловые функции №№ 2 , 3 ,7 , 9 СУП .
7. Низкий уровень требовательности к работникам со стороны их непосредственных руководителей в части соблюдения трудовой дисциплины .	Деловая функция № 3 СУП .
8. Опасные условия труда .	1. Политика собственников, руководителей организации . 2. Деловые функции №№ 9 , 12 СУП .
9. Неравноправие работников относительно требований по соблюдению дисциплины труда.	1. Политика собственников, руководителей организации . 2. Деловые функции №№ 1 , 3 СУП .
10. Отсутствие кадрового резерва в организации.	Деловые функции

	№№ 2 , 7 СУП .

ПРОБЛЕМА - ВЫСОКАЯ ТЕКУЧЕСТЬ КАДРОВ .

Таблица № 2

Возможные промежуточные причины возникновения «проблемы» .	Номера деловых функций , возложенных на службу управления персоналом,от соблюдения технологических регламентов которых зависит возникновение промежуточной причины , а также иные первичные причины .
1	2
1. Высокая интенсивность труда и объемы (задание) труда .	1. Политика собственников, руководителей организации .

	1.Деловые функции № 1 , 2 , 3 , 7 , 8 , 9 , 12 СУП .
2. Высокий уровень ответственности работника(ов) .	1. Политика собственников, руководителей организации . 2. Деловые функции № 1 , 2 , 3 , 7 , 8 , 9 , 12 СУП .
3. НИЗКИЙ уровень соответствия интенсивности , объема труда и вознаграждения .	1. Политика собственников, руководителей организации . 1.Деловые функции № 1 , 3 , 4 , 9 , 12 СУП .
4. НИЗКИЙ уровень оплаты труда .	1.Политика собственников, руководителей организации .

	2.Деловые функции №№ 1 , 2 службы СУП .
5. СЛАБАЯ мотивация достижения результатов труда , соблюдения дисциплины труда .	1.Политика собственников, руководителей организации . 2.Деловые функции №№ 1 ,4 ,5 , 7 , 8 , 9 , 12 СУП .
6. ОПАСНЫЕ условия труда .	1. Политика собственников, руководителей организации . 2. Деловые функции №№ 9 , 12 СУП .
7. НЕРАВНОПРАВИЕ работников относительно требований по соблюдению дисциплины труда .	1. Политика собственников, руководителей организации. 2. Деловые функции №№ 1 , 3 СУП .
	1. Политика

8. УДАЛЕННОСТЬ места труда , работы и сложность с переездом до места труда , работы .	собственников, руководителей организации. 2. Деловые функции № 1 , 2 , 9 , 12 СУП.

ПРОБЛЕМА - уровень производительности труда не соответствует вознаграждению и - или низкий.

Таблица № 3

Возможные ПРОМЕЖУТОЧНЫЕ причины возникновения «проблемы» .	Номера деловых функций , возложенных на службу управления персоналом, от соблюдения технологических регламетов которых зависит возникновение

	промежуточной причины , а также иные ПЕРВИЧНЫЕ причины .
1	2
1. НИЗКИЙ уровень организации работ в службе(ах) ; при взаимодействии служб ; слабая упорядоченность, регламентация ,слабо используются различные формы поддержки работников на их рабочих местах .	1.Недостаточ-ный уровень квалификации руководителей организации и - или соответству-ющих служб. 1.Деловые функции № 7 , 8 СУП .
2. УСТАРЕВШАЯ технологическая база (оборудование , технологии) , используемая в процессах труда в службах : производственной и других .	1.Политика собственников и – или руководителей организации . 2.Недостаточ-ный уровень

	квалификации руководителей организации.
3. НИЗКИЙ уровень оплаты труда .	1.Политика собственников, руководителей организации . 2.Деловые функции №№ 1 , 2 службы СУП .
4. СЛАБАЯ мотивация достижения результатов труда .	1.Политика собственников, руководителей организации . 2.Деловые функции №№ 1 ,4 ,5 , 7 , 8 , 9 , 12 СУП .
5. НИЗКИЙ уровень достигнутого потенциала стимулирования у объекта(ов) стимулирования (менеджеры , работники службы-служб) из-за низкого уровня их квалификации .	Деловые функции №№ 5 , 6 службы СУП .
6. НИЗКИЙ уровень ответственности	Деловые функции

работника(ов) за результаты труда .	№ 2 , 3 , 7 , 9 СУП .
7. НИЗКИЙ уровень требовательности к работникам со стороны их непосредственных руководителей за достигаемые результаты труда .	Деловая функция № 3 СУП .
8. НИЗКИЙ уровень трудовой дисциплины .	1. Политика собственников, руководителей организации . 2. Деловые функции № 1 - 5 , 7 – 9 , 12 СУП .
9. ОПАСНЫЕ условия труда .	1. Политика собственников, руководителей организации. 2. Деловые функции № 9 , 12 СУП .
10. НЕРАВНОПРАВИЕ работников относительно требований к производительности труда .	1. Политика собственников, руководителей организации . 2. Деловые функции

	№ 1 , 3 СУП .
11. ОТСУТСТВИЕ кадрового резерва .	1. Политика собственников, руководителей организации. 2. Деловые функции № 2 , 7 СУП .

ПРОБЛЕМА - НИЗКОЕ КАЧЕСТВО продукции .

Таблица № 4

Возможные ПРОМЕЖУТОЧНЫЕ причины возникновения «проблемы» .	Номера деловых функций , возложенных на службу управления персоналом,от соблюдения технологических регламентов которых зависит возникновение

	промежуточной причины , а также иные ПЕРВИЧНЫЕ причины .
1	2
1. НИЗКИЙ уровень организации работ в службе(ах); при взаимодействии служб ;слабая упорядоченность, регламентация ,слабо используются различные формы поддержки работников на их рабочих местах .	1.Недостаточный уровень квалификации руководителей организации и - или соответству-ющих служб. 1.Деловые функции № 7 , 8 СУП .
2. УСТАРЕВШАЯ технологическая база (оборудование,технологии),используемая в процессах труда в службах : производственной и других .	1.Политика собственников и – или руководителей организации . 2.Недостаточный уровень квалификации руководителей организации
	Руководители

3. НЕСОБЛЮДЕНИЕ технологии производства продукции , услуг .	организации и – или руководители соответствующих служб .
4. НИЗКОКАЧЕСТВЕННЫЕ комплектующие изделия.	Руководители организации и – или руководители соответству-ющих служб .
5. НЕРАВНОМЕРНОСТЬ производства продукции, услуг, сверхвысокая интенсивность производства работ на периодах появления заказов .	Руководители организации и – или руководители соответству-ющих служб .
6. НИЗКИЙ уровень оплаты труда .	1.Политика собственников, руководителей организации . 2.Деловые функции №№ 1 , 2 службы СУП .
7. СЛАБАЯ мотивация достижения результатов труда .	1.Политика собственнико, руководителей

	организации . 2.Деловые функции №№ 1 ,4 ,5 , 7 , 8 , 9 , 12 СУП .
8. НИЗКИЙ уровень достигнутого потенциала стимулирования у объекта(ов) стимулирования (менеджеры, работники службы-служб) из-за низкого уровня их квалификации .	Деловые функции №№ 5 , 6 службы СУП .
9. НИЗКИЙ уровень ответственности работника(ов) за результаты труда .	Деловые функции № 2 , 3 , 7 , 9 СУП .
10. НИЗКИЙ уровень требовательности к работникам со стороны их непосредственных руководителей за достигаемые результаты труда .	Деловая функция № 3 СУП .
11. НИЗКИЙ уровень трудовой дисциплины .	1. Политика собственников, руководителей организации . 2. Деловые функции № 1 - 5 , 7 – 9 , 12 СУП .

12. ОПАСНЫЕ <u>условия</u> труда .	1. Политика собственников, руководителей организации . 2. Деловые функции № 9 , 12 СУП .
13. НЕРАВНОПРАВИЕ работников относительно требований к производительности труда .	1. Политика собственников, руководителей организации 2. Деловые функции № 1 , 3 СУП .
14. ОТСУТСТВИЕ кадрового резерва .	1. Политика собственников, руководителей организации . 2. Деловые функции № 2 , 7 СУП .

Файл:	итог.книга.8.03.17г.
Каталог:	E:\Мои документы\книга.20.02.2017г
Шаблон:	C:\Documents and Settings\User\Application Data\Microsoft\Шаблоны\Normal.dot
Заголовок:	
Содержание:	
Автор:	Александр Ермаченко
Ключевые слова:	
Заметки:	
Дата создания:	07.03.2017 20:52:00
Число сохранений:	12
Дата сохранения:	08.03.2017 17:44:00
Сохранил:	Александр Ермаченко
Полное время правки:	95 мин.
Дата печати:	08.03.2017 21:00:00
При последней печати	
страниц:	273
слов:	46 095 (прибл.)
знаков:	262 748 (прибл.)

Kolibri 360 GmbH
Ferdinand-Jühlke-Straße 7
99095 Erfurt, Deutschland
produktsicherheit@kolibri360.de

Druck:
CPI Druckdienstleistungen GmbH
im Auftrag der
Kolibri 360 GmbH
Ferdinand-Jühlke-Str. 7
99095 Erfurt